La BRUJA CONTEMPORÁNEA

La BRUJA CONTEMPORÁNEA

12 TIPOS Y MÁS DE 35 HECHIZOS Y RITUALES PARA AYUDAR A LAS BRUJAS A ENCONTRAR SU CAMINO

Ambrosia Hawthorn
Sarah Justice

EDICIONES OBELISCO

DE SARAH

A Winnie, Poose y Momo, que nunca me piden ser diferente de como soy. Os quiero.

CONTENIDO

INTRODUCCIÓN

¡Bienvenida a *La bruja contemporánea!* A medida que des tus primeros pasos en el camino de la brujería o, incluso, cuando ya te hayas adentrado algo más, en ocasiones sentirás que la práctica puede volverse abrumadora. No es culpa de la brujería. Este arte ha ido refinándose y haciéndose complejo con el tiempo, además de ganar influencia siglo tras siglo. Sin embargo, a medida que ha ido madurando, también se ha ido asociando con infinidad de herramientas, tradiciones, creencias espirituales y hechizos. Existen incontables comunidades que han practicado o practican brujería y han dado lugar a una variedad inagotable de formas de hacer magia.

Debido a esta riqueza histórica, existen tantos tipos de brujería que puede resultar difícil encontrar tu camino. ¿Quieres seguir el camino del jardín y las plantas? ¿Te atrae la comunicación con los espíritus o la adivinación? ¿O tal vez deseas ampliar tu práctica y explorar un camino nuevo? Como bruja, cualquiera de estas prácticas puede ser el foco de tu magia.

Este libro pretende mostrarte esa variedad de caminos para que puedas elegir cuál (¡o cuáles!) conectan contigo. No hay un camino correcto o incorrecto y puedes combinar elementos de unos y otros para crear el tuyo propio, acorde con tu magia. El primer paso es ordenar y acotar toda la información disponible y es por ahí por donde empezaremos.

En cada capítulo presentamos distintos tipos de brujas. Compartimos sus principios y una breve historia general de cada una, ofreciendo una visión panorámica para lectores curiosos o principiantes. Luego incluimos en cada capítulo diversos «itinerarios enfocados», doce en total, que son variantes más específicas dentro de cada tipo de brujería. En cada uno, te damos ideas para iniciarte y también para profundizar a un nivel intermedio, además de varios hechizos para ambos niveles. Con esta estructura, elijas el camino que elijas, tendrás herramientas para desarrollar tus habilidades hasta un nivel intermedio.

La brujería es una práctica personal y el recorrido de cada bruja es distinto. Con *La bruja contemporánea*, queremos ayudarte a encontrar lo que más te interesa y a empezar tu camino. Pero recuerda: igual que sucede con una receta, puedes tomar un poco de aquí y un poco de allá para conformar tu propio camino. Ésa ha sido siempre la belleza del arte: es tu práctica. Nosotras sólo estamos aquí para orientarte.

CAPÍTULO 1

BREVE DESCRIPCIÓN DE LA BRUJERÍA

Si haces una búsqueda en Internet sobre «tipos de brujas», obtendrás una infinidad de resultados. Hay un tipo de bruja para cada tipo de persona y para casi cualquier interés que puedas tener, y a medida que surgen más tipos, algunos de los principales se dividen en dos o tres ramas. Si te gusta hacer manualidades: hay brujas artesanas. Si disfrutas la cocina: hay brujas de la cocina. Incluso hay brujas del mar para quienes aman el océano o brujas del clima si te atrae trabajar con el agua. Y si te inspira el folclore, tu magia climática quizá esté más alineada con la magia de cabaña, enfocada en proteger el hogar de tormentas y vientos errantes, en lugar de invocarlos. Como vemos, un mismo tipo de bruja puede ramificarse en muchas áreas de enfoque... y todo esto puede resultar un poco confuso.

Aunque hay muchos tipos diferentes de brujas, todos tiene en común algunos aspectos: principalmente, el estar en sintonía con la energía que les rodea. Perciben la tormenta antes de que llegue o captan la vibración de un lugar o de las personas que están allí. Pueden sentir presencias incorpóreas o sentirse atraídas por los elementos naturales de su entorno y la energía que esos elementos aportan al espíritu. Por ejemplo, un arroyo que fluye en lo profundo del bosque ofrece tranquilidad al ambiente y una bruja será la primera en notar esa energía segura y serena, y sabrá cómo utilizarla para calmar el alma. Esta capacidad combina la sensibilidad a la energía externa, la intuición para percibirla y la confianza en los propios sentidos para interpretarla y comprender su potencial.

Cuanto más nos adentramos en la brujería, más preguntas nos surgen. ¿Cómo saber qué tipo de bruja eres? ¿Se puede ser dos tipos a la vez? ¿En qué momento tu práctica pasa de nivel principiante a intermedio y cómo saber si estás preparada para dar ese salto? Primero, exploremos qué es una bruja y qué hace una bruja, y después abordaremos estas preguntas más específicas.

¿Qué son las brujas?

Dejemos atrás de una vez por todas la imagen estereotipada de la bruja fea, malvada, con una carcajada estridente y vestida de negro. Las brujas tampoco llevan sombreros puntiagudos, ni tienen gatos negros, ni vuelan en escobas (a menos que quieran). Las brujas son tejedoras del cambio, crean y lanzan magia por múltiples razones, y están por todas partes en la vida cotidiana. Se presentan como quieren. Puedes ser una bruja en pantalones de deporte o una bruja con estilo, una que lanza el tarot y lleva piedras al cuello o una jardinera con moño desordenado y zapatillas. Ésta es tu práctica y tú decides cómo presentarte. De hecho, muchas personas no sienten la necesidad de reflejar externamente su práctica mágica. Así que es imposible saber, sólo con la apariencia, quién es bruja y quién no. Pero quizá puedas intuir quién practica este arte…

También es importante señalar que la brujería no es sólo cosa de mujeres. Aunque la historia y los medios insistan en que hay muchas más mujeres que hombres, existen practicantes masculinos que han contribuido enormemente –con libros o movimientos espirituales– y siguen dejando huella en el mundo de la brujería. Aunque muchas brujas ven en la brujería una forma de que las mujeres recuperen su espacio, no podemos negar que los hombres también han ayudado a trazar los caminos que hoy seguimos. Y, al mismo tiempo, muchas mujeres han rechazado o renegado de este arte tal como lo conocemos. La brujería es una práctica de inclusión y respeto hacia los demás, sin importar el género.

En esa misma línea, la brujería da la bienvenida a personas de todos los orígenes y creencias. A lo largo de la historia, las brujas han sido perseguidas por su apariencia, sus ritos y su forma de vida. Para muchas, la brujería representa un espacio seguro y acogedor donde ser una misma y ejercer la magia. Desde nuestro punto de vista, ésta es quizá una de las facetas más importantes de la brujería y una de las razones por las que este arte resulta tan atractivo para tantas personas.

¿Qué hace una bruja a una bruja?

Aunque existen muchos rasgos de personalidad y hábitos que pueden ayudarte a saber si eres bruja, lo fundamental es lo siguiente: eres bruja cuando decides que lo eres. La intención es un pilar esencial de la brujería. Esto significa que, si tu intención es practicar brujería, hacer hechizos, provocar cambios en tu vida o acercarte a las energías espirituales o naturales, probablemente estés lista para llamarte bruja. Pero si aún dudas, aquí tienes algunos rasgos comunes entre muchas brujas. Tal vez te identifiques con uno o con varios:

Sueles tener una conexión fuerte con el mundo que te rodea.
¿Sientes aprecio por todo lo que la tierra te da? Quizá disfrutes estar al aire libre, admirar las flores o los colores de los árboles en cada estación o sentirte hipnotizada por la fuerza de un río. Esta conexión no tiene que limitarse a la tierra: ¿sientes afinidad espiritual por el mar, la lluvia u otras aguas? ¿Te atraen las velas y las hogueras? Algunas brujas sienten una afinidad especial con uno o varios elementos, lo que significa que respetas los elementos y te sientes conectada a ellos.

Te sientes atraída por la luna y sus fases.
¿Notas que tu estado emocional se sincroniza con las fases lunares? Las fases cambiantes de la luna pueden despertar asombro de forma inesperada en tu corazón o hacerte sentir emociones nuevas. Tal vez sientas necesidad de depuración y recogimiento cuando la luna mengua o está oscura y más energía y entusiasmo cuando crece o está llena. Si no estás segura, observa el próximo ciclo lunar y fíjate si tus emociones coinciden con sus fases. Hay muchas aplicaciones y calendarios que te pueden ayudar. La luna tiene una influencia sutil sobre nosotras, igual que la tiene sobre las mareas. ¡Hay una razón por la que muchas salas de urgencias tienen más alboroto en las noches de luna llena! Muchas personas no lo notan, pero una bruja suele sentirlo y responde a esa energía, observa cómo cambia la luna y nota cómo sus sentimientos internos se alinean con esas fases.

Reconoces la energía de los elementos.
Como en el ejemplo del río, percibes el poder de los elementos: la llama que parpadea, una ráfaga de viento, las plantas en flor. Sientes que hay una energía en cómo se mueven y transforman, y tal vez también experimentas una relación interna con ellos. Algunas personas se sienten conectadas consigo mismas al tumbarse sobre la tierra; otras, revitalizadas al mojarse los pies en un arroyo. No es algo que pienses conscientemente; simplemente lo sientes. Y notar lo que ocurre en ti y prestarle atención es ya una actitud mágica.

Realizas rituales en tu vida cotidiana.
Esto puede incluir desde limpiar de una forma determinada, dejarte guiar por tu intuición para hacer ciertas tareas o hacer algo con regularidad porque por alguna razón sientes que debes hacerlo. Quizá empiezas cada día con una taza de café que remueves mientras te dejas llevar por tus pensamientos. Eso es un ritual, aunque no lo parezca. La diferencia entre hábito y ritual está en la intención emocional o espiritual: el ritual prepara tu mente, tu cuerpo y tu espacio para vivir con más plenitud.

Te interesa el estilo de vida natural.
Tu conexión con los elementos puede llevarte a respetarlos más en tu forma de vivir: reciclar, hacer compost, preparar remedios de hierbas, cultivar un huerto o incluso vivir totalmente desconectada de la red. Pero no hace falta llegar a esos extremos. Pequeños gestos, como usar menos agua o preferir recursos sostenibles, también son una forma de vida natural, especialmente válida para las brujas urbanas.

Eres empática.
Las personas empáticas perciben las energías del entorno, tanto de personas como de espacios. A menudo las traducen en sensaciones o recuerdos que llegan sin previo aviso. También suelen sentirse inclinadas a ayudar o sanar a otros, porque su sensibilidad emocional les permite conectar a un nivel muy profundo. Esta capacidad de sentir al otro les permite comprenderlo de forma espiritual o íntima.

Como puedes ver, existen varios rasgos principales en una bruja, pero cada uno de ellos puede ser todavía más complejo. Exploraremos en profundidad estos conceptos más adelante y cómo se relacionan con tipos específicos de brujas.

Intereses de las brujas

Además de los rasgos ya mencionados, hay ciertos intereses hacia los que muchas brujas se sienten atraídas. A lo largo del tiempo, estos intereses han servido para identificar a las brujas. Ahora bien, es importante aclarar que no todas las personas interesadas en estos temas son brujas. Dicho esto, muchos de estos intereses son los que han llevado a las brujas a ejercer su arte, son motores de su práctica o conforman una parte importante de su camino espiritual.

Sanación y medicina

Las brujas, en su mayoría, son sanadoras. No temen probar nuevos métodos holísticos para ayudar a otros a curarse de enfermedades o dolores. Acuden a la naturaleza para preparar infusiones, mezclar hierbas o recitar cantos curativos. También pueden usar remedios tradicionales provenientes de su línea mágica que se consideran dotados de propiedades sanadoras. Y aunque no todas las brujas se dedican a la sanación, muchas integran este interés como parte de su práctica, aunque sólo sea para sanarse a sí mismas (lo cual está muy bien).

Hechizos

Los hechizos son una forma de preparar el cambio. Son energía entrelazada con acción e intención. Pueden crearse mentalmente o con objetos físicos. A lo largo de la historia, las brujas han usado conjuros, encantamientos y rituales con fines específicos, normalmente para atraer o repeler algo que produzca el cambio deseado. Los hechizos pueden ser tan elaborados como trazar un círculo protector, encender velas, invocar deidades, hacer una lectura de tarot y preparar una bolsa mágica basándonos en una tirada, o tan simples como dibujar un símbolo y colgarlo en la ventana. Ambos métodos pueden ser efectivos.

Meditación o movimiento espiritual

Muchas brujas practican la meditación u otras actividades con carga espiritual, como el yoga o el taichí. Dado que la brujería se basa en la consciencia y la manipulación energética, estas prácticas ayudan a controlar la mente y a localizar la energía en el cuerpo, lo que facilita la realización de hechizos. Algunas incluso utilizan la meditación como una forma de hechizo, visualizando su intención o contactando con guías espirituales.

ESPÍRITUS Y ANTEPASADOS

Los espíritus, la muerte, el más allá y quienes nos precedieron siempre han sido un foco importante de la práctica de muchas brujas. Se han realizado lecturas de adivinación, sesiones espiritistas, se han encendido velas, hecho ofrendas y preparado banquetes para los ausentes, no sólo para honrarlos, sino para pedirles guía, ayuda o más energía en el trabajo. Las brujas también invocan deidades con las que se identifican –como dioses griegos o nórdicos– o los ancestros espirituales de sus tradiciones, como los chamanes antiguos que dejaron sus huellas en las paredes de las cavernas. Sea cual sea la entidad espiritual, las brujas suelen tener un vínculo cercano con ella y pueden recurrir a ella cuando lo necesitan.

¿Qué significa ser un «tipo» de bruja?

Existen muchos «tipos» de brujas, como comprobarás en este libro. Estos tipos sirven como guías para afinar tu práctica y ayudarte a explorarla en profundidad. No están pensados para encasillarte ni para sugerir que todas debemos tener una etiqueta –menos aún dentro de una práctica cuyo fundamento es la inclusión y la aceptación de todas las personas y creencias. La brujería es vasta, rica, dolorosa y, a la vez, hermosa. Y a medida que más practicantes ejercen su arte con libertad, vamos explorando todo lo que la brujería nos puede ofrecer. Por eso, los tipos de brujas que te presentamos son puntos de partida: caminos que puedes seguir, mezclar o adaptar según tus necesidades o etapas de vida.

Una persona puede ser, a la vez, bruja de cocina tradicional y bruja ecléctica de cristales. Así como somos muchas cosas en la vida, también lo somos en nuestra práctica. No te sientas limitada. Utiliza estas categorías como brújulas, no como cárceles.

Cómo saber si eres una bruja intermedia

La distancia entre la bruja principiante y la intermedia puede parecer enorme... porque lo es. La brujería tiene matices y, aunque algunos caminos tienen rangos y niveles definidos, muchos otros no los tienen. Entonces, ¿cómo saber si estás lista para el siguiente nivel? Para poder reconocer cuándo es momento de avanzar necesitas tener conciencia de tus habilidades, confianza en tu práctica y deseo de aprender más. Las principiantes suelen empezar con algunas herramientas básicas: un cuarzo, unas velas pequeñas, un cuenco, un libro de hechizos comprado y tal vez un caldero. Muchas prácticas pueden realizarse con estos elementos. Pero cuando una bruja comienza a sentirse limitada por estos hechizos, cuando busca una conexión más profunda con su camino, con la historia de la brujería o con las deidades y espíritus de su fe, entonces ha comenzado la transición hacia el nivel intermedio.

Una bruja intermedia desea ir más allá: incorporar nuevos ingredientes, probar nuevas herramientas, estudiar nuevos tipos de magia. Tal vez ha dominado un estilo y quiere empezar desde cero con otro enfoque.

Este libro está diseñado para acompañarte en esos siguientes pasos de tu camino o para descubrir uno nuevo, a medida que exploramos los muchos tipos de brujas que existen y cómo trabajar su arte. Esta guía intermedia te mostrará cómo surgieron los distintos tipos de brujas, cómo iniciarte en ese tipo de brujería, los ingredientes que comúnmente se utilizan y hechizos únicos para probar. Antes de adentrarnos en todos los maravillosos tipos de brujas, hablaremos primero sobre la brujería a lo largo de la historia y cómo diferentes formas de brujería se han solapado. Quizás, algún día, tú crees tu propio tipo de brujería y lo compartas con los demás.

Prácticas cerradas y apropiación cultural

La brujería navega siempre por el límite entre la apropiación cultural y la apreciación cultural. Este tema es muy delicado dentro de la comunidad mágica. La apropiación es dañina porque banaliza persecuciones históricas mientras sigue oprimiendo a las culturas de origen. Aunque algunas personas digan que su intención es honrar esas culturas, muchas veces el resultado es todo lo contrario: ignoran los aspectos más duros de su historia y rescatan sólo detalles llamativos y «atractivos», que luego se venden como moda o entretenimiento. Eso es problemático, sobre todo porque muchas de esas culturas aún sufren las consecuencias de siglos de represión.

En el ámbito individual, también existe controversia en el hecho de que algunas personas se sienten atraídas por la brujería porque muchos de sus caminos carecen de estructura o reglas: en ocasiones, esta apertura genera una mezcla y fusión de actividades espirituales que, con el tiempo, las desvirtúa y hace que pierdan sus orígenes históricos y culturales. Muchas de las personas que practican estas actividades ni siquiera son conscientes del contexto que rodea sus prácticas y, por ejemplo, realizan un hechizo sin saber que esas prácticas tienen un significado o propósito completamente diferente.

Comercializar artículos o servicios y utilizar el término «mágico» o palabras de moda similares, también es un problema. Es en parte gracias a estos productos pseudo-brujiles que la brujería se ha vuelto más popular que nunca. Ahora vemos en las tiendas kits de bruja, varitas de limpieza espiritual y espráis de chakras, que pueden causar más daño a la práctica del que se cree. Los chakras son sagrados para culturas del sudeste asiático, comúnmente asociados con prácticas hindúes. Las varitas de limpieza son sagradas para las culturas indígenas de América del Norte, utilizadas ampliamente en limpiezas ceremoniales y rituales, conocidos también como «sahumado». Los kits de bruja a menudo se venden con elementos provenientes de éstas y otras culturas, sin celebrar o compartir sus orígenes.

Es importante señalar que, aunque los chakras son sagrados en prácticas como el hinduismo, el movimiento de la energía a través del cuerpo no es una práctica cerrada ni prohibida: puedes realizar este trabajo. Lo mismo aplica al uso de rituales de limpieza en tu propia práctica. Pero muchas culturas alrededor del mundo que han incorporado prácticas espirituales o mágicas específicas lo han hecho por razones particulares asociadas con su cultura y su pueblo, y lo han hecho durante siglos. Éstas son prácticas cerradas para quienes no pertenecen a esas culturas. Como regla general, si no sabes de dónde proviene una costumbre determinada, tómate el tiempo para averiguarlo.

Así que, si quieres ser respetuoso con una práctica cerrada pero de todos modos incorporarla, aprecia los chakras y los rituales de limpieza, pero no los uses ni les des otro nombre. Puedes incorporar el trabajo energético o la limpieza en tu práctica, pero no uses etiquetas de otras culturas por su popularidad. Ayuda a compartir el contexto de estas prácticas, tanto lo bueno como lo malo, para educar a otros sobre su importancia histórica. Y mientras continúas expandiendo tu práctica de brujería y aprendiendo cosas nuevas, edúcate sobre otras culturas para saber qué podría estar sobrepasando los límites.

Materiales y herramientas

Las herramientas son importantes para muchas brujas. Ayudan a potenciar los hechizos y a personalizar la práctica. No son mágicas por sí solas, pero canalizan tu energía o la energía de los elementos. Muchos objetos pueden sustituirse si se entiende su propósito. Por ejemplo, si necesitas una varita, cualquier objeto con punta puede ayudarte a dirigir energía.

Como bruja intermedia, tal vez ya tengas herramientas favoritas o sientas curiosidad por las que usan otros tipos de brujas. En los próximos capítulos, se detallan las herramientas propias de cada tipo de práctica. Aquí encontrarás una guía con los instrumentos comunes a muchas formas de brujería.

Materiales y herramientas generales

HTAS.	DESCRIPCIÓN	PROPIEDADES
Velas	Hay velas de distintos colores, formas, tamaños y tipos de cera. Las velas de ritual (*chime candles*) son pequeñas velas de forma cilíndrica. Su pequeño tamaño permite que ardan más rápido.	Las velas pueden amplificar, emitir y atraer energías para hechizos y rituales. Se pueden ungir con aceites (*véase* página 64), tallar con símbolos o simplemente encender.
Colores	Cada color tiene sus correspondencias (*véase* la siguiente página), que pueden utilizarse en velas, cristales, tejidos u otras formas.	Los colores potencian o infunden propiedades específicas en los hechizos o rituales. Corresponden a deidades utilizadas en tu práctica.
Cristales	Los cristales son grandes fuentes de energía natural y cada uno de ellos posee propiedades mágicas únicas.	En general, los cristales se utilizan para absorber, potenciar la energía, centrar y conectar a tierra.
Incienso	El incienso es normalmente material vegetal que se quema en diversas formas: en atadillos, en conos, suelto, en espiral o en varillas.	El incienso puede limpiar, amplificar y ayudar a alcanzar estados espirituales o meditativos para hechizos y rituales.
Aceites	Los aceites esenciales* son herramientas versátiles para diferentes tipos de brujería. Los aceites portadores o vehiculares* diluyen los aceites esenciales para poder utilizarlos con seguridad sobre la piel. ***Nota de seguridad:** *Pueden ser dañinos si se aplican directamente y son tóxicos si se ingieren. Dilúyelos con aceites portadores antes de aplicarlos (véase página 64). Sigue siempre las indicaciones del fabricante.*	Los aceites pueden cargarse e infundirse con intenciones para atraer o repeler. También se usan para ungir velas.
Sal	Existen muchos tipos de sal, cada uno con una función distinta.	Utiliza las sales para crear círculos o barreras protectoras en hechizos y rituales, o úsalas como ofrenda a antepasados o deidades.
Rec.	Los recipientes, a menudo cuencos, calderos, cálices o frascos, son herramientas prácticas para contener ingredientes para hechizos o que pueden utilizarse para la adivinación.	Los recipientes aportan cualidades de creatividad, energía femenina y el elemento agua. Los calderos, a menudo de hierro fundido, son resistentes al fuego y perfectos para hechizos con llama.

Colores

Los colores también son importantes en hechizos y rituales, independientemente de tu nivel de experiencia. Desde telas y velas hasta flores secas y piedras, los colores son una forma sencilla de añadir intención adicional a tus rituales.

Correspondencias de los colores

COLOR	CORRESPONDENCIAS
Negro	Destierro, maldición, pena, eliminación de negatividad, protección, trabajo de luna nueva, trabajo de sombras.
Azul	Calma, claridad, sueños, regulación emocional, curación, meditación, paz; representa el elemento agua.
Marrón	Cimientos, conexión a tierra, seguridad, estabilidad.
Oro	Conexiones con la divinidad, concretamente con el Sol.
Verde	Dinero, fertilidad, abundancia; representa el elemento tierra.
Naranja	Abundancia, energía, prosperidad, vitalidad.
Morado	Divinidad, meditación, elevación espiritual, espiritualidad, visualización.
Rojo	Valentía, motivación, pasión, protección, sexo, fuerza; representa el elemento fuego.
Plata	Conexiones con la divinidad, concretamente con la Luna.
Blanco	Limpieza, meditación o trabajo en trance, pureza, conexión espiritual.
Amarillo	Comunicación, creatividad, inspiración; representa el elemento aire.

CAPÍTULO 2

TIPOS DE BRUJAS Y SU SOLAPAMIENTO

Aunque la bruja es conocida por utilizar la magia para provocar cambios, no existe una única forma de practicar la brujería. Muchos sistemas de creencias tienen detalles que pueden no funcionar para todo el mundo. Al explorar los distintos tipos de brujería y las brujas que la practican, puede que algunos aspectos no nos gusten o que otros encajen mejor con nuestra personalidad. Tal vez te sientas atraída por las hierbas y el hogar, pero también por ayudar a tu comunidad. O tal vez conectes con una deidad, pero tu práctica esté centrada en los animales, las plantas y la tierra. Y eso está bien: cada practicante elige qué practicar y cómo hacerlo, creando un estilo *à la carte* que puede transformarse con el tiempo, a medida que cambian nuestros intereses, vivencias y percepciones espirituales. Ésa es la esencia del camino espiritual: está vivo y evoluciona.

Hay muchos tipos de brujas y muchos de estos tipos se superponen y coinciden en cuanto a las herramientas que utilizan (las túnicas pueden usarse en ritos Wicca estructurados y también por la bruja solitaria que vaga por los bosques recolectando hierbas); los sistemas de creencias que adoptan (podemos creer en un reino espiritual pero no creer realmente en dioses y diosas); y la fuente de nuestra información (los hechizos pueden provenir de libros contemporáneos escritos por brujas modernas o de un compendio antiguo). Las brujas también se superponen en términos de definiciones. Por definición, una práctica puede etiquetarse como «contemporánea» porque es nueva, «ecléctica» porque incluye hechizos o prácticas de muchos sistemas de creencias y «regional» porque la mayor parte de su enfoque proviene de una región específica. Y así, puedes ser una bruja contemporánea, ecléctica y regional. Y eso también está bien.

En todo caso, era inevitable que acabaran coincidiendo. La brujería es un concepto antiguo que ha estado presente en culturas y regiones de todo el mundo, y los rituales y actos de veneración que realizan las brujas hoy en día provienen de prácticas de hace miles de años. Y aunque ha habido intentos de erradicar la brujería, ésta ha perdurado. Los cambios graduales a lo largo del tiempo y entre culturas significan que una versión de la brujería puede ser ligeramente diferente a la práctica inmediatamente anterior o que una versión en una región puede ser similar a una de otra región porque hubo personas que emigraron allí. El resultado es algo tan rico, tan complejo, que es natural que existan similitudes entre los innumerables «tipos» de brujería.

Este panorama puede ser abrumador. Por eso intentamos identificar qué tipo de bruja somos: no para encasillarnos, sino para centrarnos, conocernos mejor dentro de una práctica tan amplia. A continuación, verás algunos de los tipos más conocidos de brujas. Es probable que encajes en más de una categoría.

Brujas culturales y folclóricas

Las prácticas culturales o folclóricas engloban toda la magia que se remonta a nuestros antepasados. Normalmente, estas prácticas se transmiten dentro de la misma cultura o de la propia familia y adquieren un fuerte aspecto comunitario o cultural. De hecho, «folk» significa algo que «se relaciona con el arte o la cultura tradicional de una comunidad o región». Así, la brujería popular es, por definición, brujería que se relaciona con una comunidad. Las prácticas eran conocidas por la propia comunidad o se descubrían a través del curandero de la comunidad, que actuaba para todo el pueblo. La brujería cultural es, en esencia, lo mismo, porque las prácticas se utilizan colectivamente dentro de una cultura específica.

Muchas de estas prácticas son ejemplos de prácticas cerradas o prohibidas para quienes no son de estas regiones o culturas. Como se ha discutido en el capítulo 1, la apropiación cultural de las prácticas es un problema en la brujería y no es algo que se tome a la ligera. Si ciertos rituales y prácticas provienen de una cultura que no es la tuya, es mejor no practicarlos. Aunque los fundamentos básicos relacionados con estas prácticas son universales, la terminología, así como los hechizos o creaciones concretas, son cerrados a la comunidad. De todos modos, aunque ciertos objetos o ritos concretos estén «cerrados» a una comunidad, puedes incorporarlos y adaptarlos para que sean particulares a ti.

Piensa en cómo integrar las prácticas populares en tu oficio sin dejar de ser respetuoso con las personas que las crearon, las dificultades y la opresión que sufrieron. La limpieza con humo es un excelente ejemplo de ritual prohibido. Consiste en un rito sagrado de quema de hierbas y resinas sagradas en ceremonias practicado por los pueblos indígenas, que en su práctica se denomina «sahumar», es decir, limpiar y purificar. Aunque los términos «sahumado» y «varitas de sahumerio» deben evitarse, la idea de limpiar las impurezas del cuerpo, la mente y la energía existe desde hace siglos y puede llevarse cabo. Elimina los residuos físicos y mentales no deseados y ayuda a facilitar un estado mental relajado. Así que, en lugar de estas hierbas, resinas y ceremonias en particular, utiliza hierbas frescas como el tomillo o la menta por sus capacidades de limpieza y elabora tu ceremonia de limpieza para preparar el cuerpo y el espíritu para los hechizos.

Brujas regionales

Las brujas regionales practican la brujería relacionada con las distintas regiones geográficas, como África, América, Asia, Europa y Oriente Medio. Históricamente, las distintas zonas del mundo han tenido sus versiones específicas de brujas y nombres para espíritus y plantas. Sin embargo, a medida que el colonialismo, la colonización y la diáspora se han producido a lo largo del tiempo, ha habido una disolución de las fronteras y una traslación de estas prácticas a otros lugares, y se han creado ingentes subgrupos de estas prácticas. Los practicantes de todos los niveles de experiencia son ahora más propensos a adentrarse en ellas para conocer herramientas y rituales adicionales que añadir a su caja de herramientas brujesca.

Aquí es donde viene lo complicado. Cuando pensamos en brujería regional, pensamos en prácticas que incluyen especificidades de esa región concreta. Homenajes a montañas concretas, simbolismos y usos de ciertas plantas y animales de la zona, nombres que hacen referencia a deidades y espíritus aislados de esa región y sus creencias. Algunos huesos de ciertos animales pueden ser utilizados en rituales en unas zonas y no en otras, simplemente porque esos animales no se encuentran allí. La brujería regional es un tipo de brujería cultural en la que la práctica está arraigada a un modo de vida muy concreto para un determinado grupo de personas y a menudo eso quiere decir que traerán consigo tradiciones anticuadas. La brujería regional, así como la brujería cultural en general, se refiere a las costumbres que han existido y se han transformado en una región debido a los cambios sociales. Y aunque se conservan muchas de las costumbres antiguas, también pueden producirse algunas nuevas incorporaciones (o eliminaciones).

Brujas de prácticas hereditarias

La práctica hereditaria es una forma de brujería que se ha transmitido a través de un único linaje. Estas prácticas son las que empleaban los padres, abuelos u otros antepasados y transmitían en hechizos y rituales únicos, conocidos por la familia. Muchos tipos de brujería se solapan con este género porque muchos de los hechizos de las comunidades de ciertas regiones, así como hechizos que flotaban entre culturas a medida que se producía la inmigración, se transmitían entre familiares. La magia popular de los apalaches es un gran ejemplo (y sólo uno) de una práctica hereditaria y de cómo se solapa la brujería. Esta práctica contiene influencias de los irlandeses-escoceses, los nativos americanos y los afroamericanos, todos ellos grupos que se abrieron paso en la región de los apalaches americanos, trayendo consigo las prácticas folclóricas de sus culturas y creencias individuales. Estas costumbres se fusionaron para crear los hechizos y encantamientos que las abuelas transmitían a sus hijos y nietos en las profundidades de las montañas.

Curanderos y practicantes

Los curanderos y practicantes populares proceden de tradiciones y culturas que utilizan remedios locales a base de hierbas, conjuros o sugerencias para curar. A estos practicantes también se les conoce como sabios (*cunning folk*), curanderos de fe, sanadores tradicionales, médicos populares, brujos o chamanes y abuelas o mujeres sabias. Aunque provienen de prácticas y creencias muy variadas, desde los druidas del período celta hasta los *pellers* de la Gran Bretaña del siglo XIX en adelante, consideramos a estos curanderos populares como fuentes de magia práctica que alivian enfermedades, protegen a la comunidad y ofrecen magia de protección contra las brujas de la comunidad que causan estragos en el ganado y el hogar. Los curanderos populares podían identificar y eliminar a una bruja y esta licencia abarcaba prácticas muy variadas. Tanto los curanderos herbales del sur de Estados Unidos como los chamanes de los nativos americanos podían desempeñar esta tarea, y era ésta una tarea muy importante, pues en el corazón del curandero popular está la comunidad y en el centro de ella está el curandero.

Paganismo y paganismo moderno

El paganismo hace referencia a prácticas que incorporan ritos y creencias precristianas y politeístas, o la creencia en múltiples deidades. El paganismo incluye los sistemas de creencias celtas, griegos y nórdicos, así como los dioses y diosas que los componen… y eso es sólo la punta del iceberg de las creencias paganas. Tras la cristianización de muchas regiones y la condena de sus sistemas de creencias y de quienes los mantenían, estos sistemas se transformaron, se adaptaron o se escondieron hasta desaparecer, para satisfacer a quienes detentaban el poder. Las prácticas del Samhain, ejercidas por los celtas, por ejemplo, son un excelente ejemplo de esta transformación. Esta fiesta del fuego se celebraba para ponerse en contacto con los antepasados, honrar a los seres superiores y cuidar de las provisiones antes de la llegada del invierno, pero en un intento de desmantelar sus elementos paganos, la cristianización transformó esta festividad en la Víspera de Todos los Santos (31 de octubre), el Día de Todos los Santos (1 de noviembre) y el Día de los Fieles Difuntos (2 de noviembre), aunque, en la práctica moderna del Samhain, muchos siguen intentando mantener viva la anticuada versión precristiana. El retorno a lo arcaico no es exclusivo de las celebraciones paganas. No fue hasta el siglo XX que los movimientos contemporáneos o modernos empezaron a incorporar innumerables tradiciones y creencias paganas antiguas para crear el paganismo moderno, que incorpora una espiritualidad *New Age*, una veneración a la naturaleza y una visión integradora del mundo. Si esto suena a algo amplio o flexible, es que lo es. Entre las prácticas paganas modernas más populares se encuentran el neodruidismo, el paganismo, y los movimientos del Thelema y la Wicca, por nombrar algunos.

Brujas wiccanas

La Wicca es una religión pagana moderna creada por Gerald Gardner a mediados del siglo XX que se inspira en antiguas tradiciones paganas y se centra en prácticas rituales. En su formato original, mantenía una estructura y jerarquía particulares, y muchos aún la practican de esta forma estructurada, con brujas que ascienden en la escala espiritual a través de ritos y experiencias. En esta versión jerárquica los títulos tienen mucho peso y muchas brujas prosperan en la comunidad gracias a su rigidez. Sin embargo, otras muchas se consideran wiccanas sin adherirse a estas estructuras. Hay muchos practicantes wiccanos solitarios que honran tanto al dios como a la diosa –un principio elemental de las prácticas wiccanas– y para los que la veneración a la naturaleza es una de las partes más importantes de su práctica. A partir de ahí, empiezan los matices. Aunque la Wicca es duoteísta (honra tanto a un dios como a una diosa), ciertamente no es raro ver prácticas de Wicca eclécticas o más flexibles que van desde el politeísmo al monoteísmo de la diosa. Ésa es la belleza de esta práctica. Uno puede adoptar una identidad principal, como «wiccano», pero luego hacerla suya. La Wicca también se practica a menudo junto con otras prácticas de brujería, para incorporar la deidad.

Brujas contemporáneas

La brujería contemporánea se refiere a prácticas que ocurren en el presente, mientras que la brujería ecléctica se refiere a prácticas generadas a partir de diversas y variadas fuentes. Dadas estas definiciones, podemos ver cómo estos dos términos pueden utilizarse para describir cualquiera de los tipos de brujas descritos hasta ahora.

Volvamos al ejemplo de los apalaches. Un practicante de magia popular de los apalaches puede recurrir a las enseñanzas de su abuela para curarse a sí mismo, a su familia, a sus amigos y quizá a otras personas de la comunidad. Esta práctica por sí sola se nutre de influencias regionales y hereditarias porque las enseñanzas se transmitieron de padres a hijos y se vieron influidas por la inmigración de diferentes pueblos y sistemas de creencias a la región. Sin embargo, puede que, al realizar hechizos que incorporan tierra de ferrocarril o tienen que ver con una encrucijada –donde dos juegos de vías se cruzan–, el practicante quiera invocar a una deidad de la asistencia, y puede que esta deidad provenga del panteón griego.

Veremos entonces en la magia de este profesional una fusión de fuentes diversas. Es su magia personal. En este sentido, la magia ecléctica, hereditaria y regional se superponen. Esto podría considerarse brujería contemporánea porque es una fusión moderna de prácticas. La brujería contemporánea no tiene que aplicarse a un grupo de brujas y no requiere que varias personas la practiquen antes de obtener el título de «contemporánea». Una persona puede practicar su estilo concreto de brujería contemporánea y otros sus propias versiones. No hay iniciaciones, pruebas o grados asociados con este tipo de prácticas, a menos que te unas a un aquelarre que las requiera. La brujería es inclusiva y libre para todos.

Brujas populares y tradicionales

La brujería popular y tradicional suele incorporar diversas formas contemporáneas de brujería, como el folclore, el trabajo con espíritus y el trabajo ritual, y a menudo intervienen animales, elementos naturales o criaturas fantásticas. Los rituales de diversos grados de dificultad suelen desempeñar un papel importante en estas prácticas. Muchas brujas que practican la brujería ceremonial o tradicional incorporan prácticas paganas modernas a la vez que evitan asociaciones con la Wicca. En este libro, encontrarás itinerarios enfocados en estos dos tipos de brujas (*véase* el capítulo 3, en la página 31).

Brujas de la naturaleza

La brujería de la naturaleza abarca una gran variedad de prácticas que pueden implicar tanto uno como todos los elementos naturales. Dentro de esta categoría, se encuentran todas las brujas elementales que practican magia verde, de agua y elemental, o curanderas que utilizan la mayoría de ingredientes relacionados con los elementos, como ceniza, musgo, tierra o agua, entre otros. Las brujas elementales no sólo «utilizan» estos elementos; a menudo, la veneración a los elementos forma también parte de la práctica. Las brujas elementales dan tanto como reciben y honran a los elementos en rituales separados u ofrecen agradecimientos.

La caja de herramientas de una bruja elemental suele incluir objetos de los elementos o del elemento favorito de la bruja. Piedras brujas, cristales de mar, elixires de agua, musgo, sal y arena, conchas, palos de madera a la deriva, entre otros, se utilizarían probablemente en la práctica de la bruja del agua. A menudo, las brujas elementales incluyen objetos rituales de todos los elementos en su práctica, porque cada elemento tiene significados e intenciones específicas.

Las brujas elementales también suelen trabajar con los «elementales» o espíritus de la naturaleza, que habitan en los elementos –como los espíritus de los árboles, las sílfides (espíritus del aire) y las ondinas (espíritus del agua)–, aunque esto no siempre forma parte de la práctica de una bruja elemental. En este libro, encontrarás itinerarios enfocados en las brujas elementales, con especial atención a las brujas verdes y las brujas del agua, ya que son las brujas elementales más comunes (*véase* el capítulo 4, en la página 57).

Brujas del hogar

La brujería del hogar y la casa suele incorporar elementos de la brujería de la cabaña, del hogar, de los umbrales y de la cocina. La brujería del hogar se centra en la chimenea y en el espacio que se genera en torno a ella, y se asocia con la casa y la familia. Históricamente, el hogar era la principal fuente de calor de las casas y su significado simbólico sigue vigente hoy en día. En las prácticas mágicas, el fuego del hogar se considera el foco de energía de la casa y el lugar en el espacio familiar que simboliza seguridad, protección, bendiciones, abundancia y mucho más. Esto es, quizás, algo diferente de la brujería de cocina, que utiliza la comida y la bebida para manifestar la intención y generalmente se centra en –¡lo has adivinado!– la cocina. La brujería de cabaña se centra en la cocina y el hogar, pero también se presta al jardín, el somier, los alféizares de las ventanas y la chimenea, todos esos espacios donde se asienta la energía y que pueden utilizarse en la magia (*véase* el capítulo 5, en la página 95).

Brujas intuitivas

La brujería intuitiva puede incorporar una amplia gama de habilidades psíquicas, adivinación, astrología, energía y nuevas prácticas. La brujería intuitiva implica escucharse a uno mismo o al cosmos para obtener información sobre cómo elaborar hechizos y rituales, hablar con los espíritus y los ancestros para obtener adivinación u orientación, así como para guiar la elección de herramientas, y para cualquier propósito clarividente que no implique deidades o espíritus del otro mundo.

La brujería intuitiva a menudo implica meditar o concentrar la mente y el cuerpo en uno y estar lo suficientemente quietos como para acceder a esa intuición. Esto parece fácil, pero en realidad es difícil, por lo que la brujería intuitiva a menudo requiere de mucha práctica y observación, así como del registro del progreso para perfeccionar las habilidades y detectar los avances. Ya se trate de viajes meditativos al reino espiritual o de escuchar una respuesta instintiva al tocar las pertenencias de otra persona, la bruja intuitiva confía en los mensajes que le llegan y permite que esos mensajes guíen su trabajo con hechizos y las decisiones que toma en la vida cotidiana. Encontrarás itinerarios enfocados en las brujas psíquicas, cósmicas y de las sombras, ya que pueden abarcar muchas de las otras prácticas (*véase* el capítulo 6, en la página 119).

Brujas eclécticas y de nicho

La brujería ecléctica y de nicho abarca una lista interminable de prácticas únicas y personalizadas, caminos especializados y singulares para cada practicante. Así que, si no estás seguro de qué tipo de práctica es la adecuada para ti o estás buscando probar algo nuevo, puede que te interese la brujería ecléctica o de nicho. Dentro de esta categoría, probablemente encontrarás prácticas relacionadas con el activismo, el arte, los cristales, la moda, el glamour y la belleza, la tecnología, el bienestar, la palabra u otros tipos de prácticas arraigadas en la actualidad. En este libro, encontrarás itinerarios enfocados en las brujas de cristales y del bienestar, ya que son dos de las formas más populares de prácticas eclécticas que podrías ver primero y que difieren de los caminos anteriores (*véase* el capítulo 7, en la página 171).

SUGERENCIAS PARA SABER QUÉ TIPO DE BRUJA ERES

Como hemos visto, hay muchos tipos de brujas y de brujería, y muchas prácticas se solapan, lo que te permite inspirarte de muchas formas para tu propia práctica. Utiliza las siguientes sugerencias para que tu diario te ayude a afinar el camino sobre el que quieres aprender más. Tómate tu tiempo para descubrir el tipo de brujería que te llama profundamente.

- ¿Qué te hace sentirte como en casa o en tu centro? ¿El mar o el bosque? ¿Una chimenea acogedora? Estos espacios suelen cambiar la energía que te rodea, haciéndote sentir más tranquilo o con más energía e inspirado.

- Cuando imaginas el espacio de tu altar o el espacio donde harás tus hechizos y rituales y colocarás tus herramientas e ingredientes, ¿qué ves? ¿Cristales o plantas? ¿Tarot y viejos grimorios? ¿Sigilos, velas y otros objetos simbólicos?

- ¿Hay alguna práctica o período de tiempo que sientas como «tu casa», tu espacio seguro, como si estuvieras familiarizado con él? Esto puede indicar qué panteón o cultura te interesa. No pasa nada si enumeras varios, porque probablemente sean las áreas en las que coinciden tus intereses.

- ¿Te sientes atraído por los seres superiores, como los elementales, las deidades y el trabajo con los antepasados? ¿O quizá por los humanos? En caso afirmativo, ¿por cuáles?

CAPÍTULO 3

BRUJAS POPULARES Y TRADICIONALES

Este capítulo ofrece una breve panorámica de las formas contemporáneas de brujería popular y tradicional y responde a las preguntas más comunes que tienen muchas brujas sobre este tipo de magia. La brujería popular y tradicional incorpora elementos que a menudo encontramos en las prácticas paganas modernas, como la tradición y la leyenda, el trabajo con espíritus, la magia ritual y, a menudo, el animismo. También se practica de forma diferente en las distintas regiones del mundo debido a su enfoque en la comunidad y la cultura. Tanto la brujería popular como la tradicional incorporan herramientas mágicas sencillas, como tejidos, cera, cuerdas, plantas, papel y acontecimientos astronómicos que pueden observarse a simple vista. Estas prácticas se centran en la magia de épocas más sencillas, independientemente de si quienes las practican proceden del Viejo o del Nuevo Mundo. Las prácticas del «Viejo Mundo» a veces pueden definirse vagamente como prácticas que provienen de regiones del mundo anteriores al contacto con el continente americano, pero profundizaremos en los términos «Viejo Mundo» y «Nuevo Mundo» en la siguiente sección.

La brujería popular adopta principalmente el enfoque de la brujería del Viejo Mundo, desde una perspectiva premoderna. Estudia la magia anterior al siglo XX, conservada en diferentes regiones o culturas. A menudo encontramos brujería popular procedente de las colinas de la Inglaterra rural o de la Escocia de los siglos XVIII y XIX. Debido a este enfoque más antiguo, la brujería incluye elementos y enfoques de su época, como ungir velas para hacer velas caseras, utilizar hilo de cocina para atar hierbas o utilizar plantas por sus propiedades curativas. Las brujas populares también suelen utilizar los cuerpos celestes para guiar su jardinería y su magia.

La brujería tradicional se centra en dónde estás, no de dónde vienes. Con este enfoque, una bruja puede incorporar formas del Viejo Mundo en su brujería porque la región en la que se encuentra utiliza artefactos de generaciones anteriores. Al igual que la brujería popular, la brujería tradicional te pide que busques la magia en tu patio trasero utilizando plantas locales y las herramientas que tienes a tu disposición. Puede adoptar a menudo la forma de una brujería del Nuevo Mundo, porque las regiones cambian y se modernizan con el paso del tiempo.

Del mismo modo que puedes practicar la brujería tradicional estés donde estés, también puedes practicar la brujería tradicional de una región específica a la que no pertenezcas o en la que no vivas actualmente. Por ejemplo, muchas brujas del hemisferio occidental pueden practicar magia eslava. Gracias a Internet y a la posibilidad de comprar artículos en línea, cualquiera puede formar parte de una práctica específica desde muy lejos. De nuevo, ten cuidado con la apropiación cultural cuando te acerques a métodos tradicionales de otras culturas. En general, estas dos prácticas se alejan de la práctica religiosa asociada a la Wicca. No te piden que adoptes deidades ni ningún tipo de estructura para «ascender» en la escala espiritual. No hay escala. Estas tradiciones te piden que incorpores a tu magia los elementos y herramientas que tienes a tu disposición, con la cultura de la región que elijas.

Viejo y Nuevo Mundo

El término «Nuevo Mundo» suele referirse al continente americano o al hemisferio occidental, mientras que el «Viejo Mundo» es, en general, África, Asia, el hemisferio oriental y Europa. El hemisferio occidental comprende América del Norte y del Sur y las aguas circundantes que tienen como límites las longitudes 20 grados oeste y 160 grados al este. Sin embargo, es importante señalar que algunos geógrafos definen el hemisferio occidental como la mitad de la Tierra que está al oeste de Greenwich, o meridiano de Greenwich, continuando hasta el meridiano 180. Esto significa que el hemisferio occidental incluiría América del Norte y del Sur junto con partes de África, la Antártida, Asia y Europa. Para las prácticas de brujería del Viejo o Nuevo Mundo, puedes decidir en qué división te gustaría trabajar para tu práctica. Considera la posibilidad de investigar cuando encuentres temas nuevos para ampliar tus conocimientos.

BREVE HISTORIA DE LA BRUJERÍA POPULAR Y TRADICIONAL

Las brujas tradicionales y populares suelen tener un enfoque histórico de la tierra donde se encuentran. Pueden tener viejos grimorios de la zona, una colección de tradiciones y leyendas locales, y gran parte de su práctica puede combinar la conexión entre la naturaleza y la historia, aunque esto no es necesario para practicar magia tradicional o folclórica. Estas brujas pueden buscar hechizos, rituales y recetas que provengan de una época específica o pueden incorporar cuentos antiguos y folclore a su práctica.

Una bruja puede, por ejemplo, colocar una ofrenda a los hados en una casa antes de comprarla, esperando a que los hados la mordisqueen en señal de aprobación de la casa. Este ejemplo tiene sus raíces en el folclore del Viejo Mundo y existen infinidad de posibilidades similares una vez que se aprende a aprovechar los recursos para investigar los enfoques históricos de la magia.

Magia simpática y contagiosa

Los hechizos de los grimorios de magia tradicional o folclórica suelen centrarse en gran medida en una práctica arcaica conocida como «magia simpática». La magia simpática es la base de muchas de las técnicas mágicas del Viejo y del Nuevo Mundo e incluye dos principios fundamentales: la «ley del contagio» (*Law of Contagion*) y la «ley de la similitud» (*Law of Similarity*).

La ley del contagio afirma que cualquier cosa que hayas tocado o que esté en tu persona se impregna de tu energía. Por ejemplo, puedes hacer pan con las manos para imbuir tu energía en él con un fin determinado. Estos objetos pueden utilizarse para representarte o manipularte, ya sea en tu magia o en la de otra persona. Cuanto más saturado esté el objeto, mejor. De este modo, muchos practicantes en el Viejo Mundo utilizaban tejidos manchados de sudor u orina porque se pensaba que estaban más cargados de la energía de una persona. Estos objetos se utilizaban a menudo en frascos de protección y como «depósitos protectores» (objetos enterrados en la chimenea, en la repisa o en los cimientos de la casa con fines de protección o bendición) en los hogares del Viejo Mundo. El Nuevo Mundo adoptaría más tarde esta práctica, como demuestran los objetos encontrados en las casas de la América colonial.

La ley de la similitud, por otro lado, dice que la causa imitará al efecto. Por ejemplo, si se pincha una flor que simboliza a una persona, esa persona será pinchada. Otro aspecto de la ley de la similitud es que «lo semejante atrae lo semejante». Si sufres una enfermedad que crea una coloración amarilla en tu piel, su solución implicará una planta que cause coloración amarilla, como el azafrán. Los habitantes del Viejo y del Nuevo Mundo suponían que su dios hacía que las plantas se parecieran a las enfermedades que trataban y, como se puede imaginar, esto dio lugar a muchos contratiempos en los tratamientos de las enfermedades.

El animismo en la brujería popular y tradicional

Un tema común entre las prácticas folclóricas y tradicionales es la veneración por los espíritus y los símbolos, y muchos practican la magia utilizando los elementos del animismo. La palabra «animismo» viene de la palabra latina *anima* y hace referencia al aliento, el espíritu o la vida. El animismo es la creencia de que todos los seres naturales, incluidos los animales, las plantas, los lugares e incluso los objetos naturales, albergan una esencia espiritual. Cuando invocamos la naturaleza astuta del zorro o la sabiduría del búho, o cuando tenemos un cráneo de buey en nuestro altar, nuestras acciones suelen basarse en el animismo; estos animales contienen una esencia que estamos intentando aprovechar para manifestar una intención concreta en nuestra magia.

Cuando los antiguos celtas se ponían cráneos de animales y bailaban, lo hacían para infundir en sus mentes la esencia del animal. Querían, literalmente, entrar en la mente de ese animal para poder cazarlo mejor, y los cráneos del animal muerto les ofrecían esa posibilidad porque aún conservaban el espíritu del animal. El animismo es un elemento fundamental en el desarrollo de la antigua espiritualidad humana y puede identificarse en diferentes manifestaciones en las principales religiones y culturas del mundo moderno. El animismo es una forma de sentir y experimentar la vida, arraigada en el respeto por la naturaleza y la vida y en la sensibilidad por todos los seres vivos.

Itinerario enfocado 1

Bruja tradicional

La brujería tradicional se centra en la magia y el saber popular de una región determinada. Ésta es una categoría que hace de paraguas a las prácticas que combinan brujería y folclore y que se centran en elementos mágicos anteriores a la Wicca y a la época premoderna. Al igual que muchos otros caminos dentro de este arte, la brujería tradicional incluye hechizos, adivinación y herboristería y, para muchos, también puede incluir honrar a deidades, santos, espíritus, hadas, familiares o antepasados.

PRIMEROS PASOS (PRINCIPIANTE)

Dado que la brujería tradicional se centra en lo que está disponible en cada localidad, es probable que tu práctica incluya los elementos de tu región. Y como estos objetos tienen una rica historia particular, sus significados y usos pueden diferir de cómo los usan otras brujas. Las herraduras, por ejemplo, tienen diferentes usos específicos dependiendo de dónde vivas. Por ejemplo, las brujas de la costa pueden usarlas para protegerse de los desastres relacionados con el mar y de los espíritus marinos, mientras que las de las colinas pueden usarlas para proteger a su ganado de los hechizos. Las brujas tradicionales adoptan los usos tradiciones de sus herramientas y las utilizan acorde con ellos, aunque los libros populares puedan sugerir otros. Saben que hay algo especial en el uso de artefactos mágicos que han existido durante cientos o miles de años.

Esta sección se centra en la iniciación a la brujería tradicional a través de los espíritus de las plantas y los familiares, de los amuletos fáciles y la magia textil. Después de los temas introductorios, encontrarás otros de nivel intermedio, relacionados con la ascendencia y la magia con espíritus de otros mundos. Al iniciar un nuevo camino de brujería, es importante tener en cuenta que cada camino es personalizable para adaptarse a lo que es adecuado para el practicante. Si quieres probar un enfoque de brujería tradicional pero no quieres incorporar uno de los elementos, puedes hacerlo.

Para crear un altar, podemos incluir trozos de tela, vidrio, pizarra o botellas antiguas encontradas en nuestra localidad, fotos de la familia o de la región, flora y fauna específicas de tu zona o cultura, deidades que resuenen con la cultura

y cualquier artefacto espiritual que tengas y que te hayan transmitido amigos, familiares o antepasados. Dado que la comunidad es una parte integral de este tipo de magia, el altar representa ese elemento comunitario de tu práctica.

No te pierdas de vista a ti mismo ni tu magia. Al tratar de adaptarte a tu región y su cultura, puedes ignorar sin querer lo que hace especial a tu magia. Recuerda que estos tipos de magia –folk, tradicional, regional– no serían lo que son sin las transformaciones que han padecido a lo largo del tiempo. Puede que lleves la antorcha de esta magia, pero vas a hacer lo que otros ya han hecho: transformarla un poco para adaptarla a tus necesidades. Estás añadiendo riqueza a la historia. Piénsalo así.

Tejidos y abalorios

El uso de tejidos en la magia tradicional está muy arraigado, ya que a menudo se utilizan como forma de magia simpática. Es más, se utilizan para trenzar y atar, de forma que comparten con el universo el «quién», a través de quién los poseía, y también el «qué», a través de cómo los utilizamos. Añaden, de un modo más fácil para los principiantes, la significación de los colores y sostienen también otras intenciones, como las de las piedras y las hierbas.

Amuleto de bolsita curativa

Este amuleto está pensado para fomentar la curación espiritual y emocional. La combinación de hierbas, piedras y símbolos, cuando se lleva encima o se coloca bajo la almohada, alivia la mente y el espíritu y permite un descanso tranquilo y reparador.

Cuándo realizar este hechizo:
Lunes o viernes, a medianoche, preferiblemente con luna llena o menguante

Ingredientes/herramientas:

- Una escoba
- Sal
- Una aguja
- Bolsa de muselina pequeña, de 5 x 10 cm
- Hierbas: lavanda fresca, melisa, mejorana, menta, verbena
- Piedras: ágata encaje azul, calcita de tu elección (rosa para la curación y el amor), selenita rosa del desierto o selenita normal
- Hilo morado

1. Despeja tu altar y pasa la escoba por encima para limpiar el espacio.
2. Coloca un círculo de sal como protección y coloca tu aguja, tu bolsa, las hierbas y piedras dentro del círculo.
3. Comienza enhebrando la aguja y encantándola. Mientras la sostienes en la mano dominante, di: «Al enhebrar, imbuyo la curación; al anudar, fortalezco el sentimiento».
4. En la parte delantera de la bolsa, pespuntea un círculo. A continuación, cose una luna creciente menguante (*véase* la página 142) dentro del círculo. Dentro de la media luna, pespuntea un triángulo equilátero para representar el elemento tierra, el elemento del arraigo y la estabilidad.
5. Coloca, una a una, las hierbas en la bolsa. Después, una a una, añade las piedras a la bolsa. Para permanecer atento y concentrado en el momento, pronuncia en voz alta los nombres de las hierbas o piedras. Así evitarás que tu mente desvíe su atención del hechizo.
6. Cuando todos los ingredientes estén en la bolsa, termina el hechizo diciendo: «Como yo quiero, así se hará».
7. Lleva esta bolsita contigo, colócala en tu altar o ponla bajo tu almohada para favorecer la curación y la transformación espiritual.

BRUJERÍA TRADICIONAL INTERMEDIA

La brujería tradicional intermedia va más allá de los amuletos para curar y proteger. Una característica común de la brujería tradicional es el contacto con los antepasados para pedir consejo. En la época de los celtas, los druidas se ponían en contacto con los antepasados para que les guiaran en la preservación de la comunidad y, en muchas prácticas que se remontan a la Edad de Hielo, los líderes designados de la comunidad (los chamanes) se aventuraban al reino espiritual, al otro mundo, para ponerse en contacto con los antepasados y otras deidades en busca de orientación para la aldea. Hoy en día, practicantes solitarios de todo tipo de brujería realizan estos viajes para pedir orientación individual.

Dado que estos viajes requieren una visualización intensiva y la capacidad de «permanecer» en la meditación durante un largo período de tiempo y dado que el objetivo es el contacto con entidades espirituales, se consideran prácticas de nivel intermedio. Como podemos ver en la historia, los que realizaban el viaje eran aquellos designados por la comunidad como líderes que estaban espiritualmente capacitados para acceder a ese reino. Podemos contactar con entidades espirituales, ya sean deidades, antepasados y espíritus de la naturaleza, como las hadas, en el reino terrenal. Pero, a menudo, la forma de llegar a ellos es simplemente aventurarse hacia el otro mundo. Esto es un poco más peligroso porque estás entrando en un lugar gobernado por reglas diferentes y habitado por seres más altos en la jerarquía espiritual que tú. Vamos cuando sentimos que es el momento y siempre damos las gracias por poder viajar hasta allí.

Contacto con ancestros

Al establecer contacto con nuestros antepasados, es posible que queramos contactar con los antepasados de la región elegida para reforzar nuestro vínculo o que queramos contactar con nuestro propio linaje ancestral para obtener orientación personal. Pero, si trabajas con una tradición que no es la tuya, ten cuidado de no apropiarte de artefactos culturales, como ya hemos comentado en capítulos anteriores (*véanse* las páginas 16 y 17).

Hechizo de adivinación ancestral

A continuación, te presentamos un hechizo para contactar con los antepasados, ya sean de tu linaje ancestral o de una región que tú elijas.

Cuándo realizar este hechizo:
Lunes o domingo, al anochecer o al amanecer

Ingredientes/herramientas:

- Una vela blanca
- Aceite esencial: hierba dulce, romero o salvia (*véase* la página 64)
- Aceite portador de tu elección (*véase* la página 64)
- Cerillas o un mechero
- Manojo de romero
- Concha de abulón o plato ignífugo
- Piedra turmalina (colocada en el altar, sostenida como collar o en el bolsillo, para mayor protección)
- Plato pequeño
- Recipiente grande para sostener el plato pequeño
- Agua para llenar el fondo del plato

1. Baja la intensidad de las luces para que apenas haya luz.
2. Unge la vela con la mezcla de aceites esenciales y aceites portadores que hayas elegido.
3. Enciende el manojo de romero y colócalo sobre la concha de abulón.
4. Cierra los ojos. Inspira y espira concentrándote en tu respiración. Inspira 4 veces y aguanta la respiración otras 4 veces. Exhala durante 4 cuentas. Ésta es la respiración 4-4-4. Mientras respiras, intenta exhalar una cuenta más, hasta llegar gradualmente a 7, a ser posible.
5. Levanta las manos, con las palmas abiertas, algo más abajo de la altura de los hombros.

6. Crea un círculo de protección diciendo en voz alta: «A mi alrededor hay una banda de luz, fuerte en voluntad y llena de poder. Nadie entra excepto los que tienen lazos; y cuando yo lo deseo, la conexión muere».
7. Enciende una cerilla y utilízala para derretir la parte inferior de la vela. Mientras la cera esté blanda, coloca la vela en posición vertical en el plato. La cera se solidificará y pegará la vela al plato. Deja que la cera se endurezca.
8. Coloca el plato con la vela en el recipiente más grande y añade agua hasta cubrir el fondo (pero no hasta el borde). Enciende la vela.
9. Vuelve a realizar la respiración 4-4-4.
10. Afirma: «El agua es el recipiente de lo divino ancestral. En llamas y reflejos, los mensajes se ocultan. Muéstrame tu presencia, si así lo quieres; al chocar los elementos, los mensajes se muestran».
11. Permite que la llama baile en la superficie reflectante del agua y que tus ojos se nublen un poco, mientras inhalas el humo del romero, inspirando durante una cuenta de 4-4-7. Busca cualquier movimiento rápido de la llama que indique una presencia. También puedes sentir esta presencia en la habitación.
12. Los movimientos de la llama, las imágenes en los reflejos o incluso los mensajes que intuyes en tu mente pueden ser mensajes de los antepasados. Busca imágenes, letras y números en la cera que ha caído: también son significativos.
13. Cuando estés preparado, finaliza la sesión diciendo: «Reconozco la presencia de los ancestros conjurados; ofrezco mi gratitud por los mensajes enviados. Termino esta conexión con el éter ancestral; cierro la puerta pero mantengo la atadura».

Herramientas para la bruja tradicional

HTAS.	DESCRIPCIÓN	PROPIEDADES
Campanas	Las campanas se utilizan en muchas religiones y creencias para la limpieza espiritual y para atraer a los buenos espíritus.	Las campanas suelen utilizarse antes de cualquier ritual para limpiar el espacio y pueden incorporarse a los hechizos para atraer la suerte y aumentar la prosperidad.
Escoba de bruja	Las escobas de bruja son básicamente escobas pequeñas. Tradicionalmente se fabricaban con fresno, abedul, avellano, arándano y sauce.	Escobas y escobones, no importa de qué estén hechos, ofrecen limpieza espiritual.
Cuencos	Estos pequeños platos de arcilla o metal se utilizan para las ofrendas y para mezclar ingredientes.	Los cuencos nos permiten conectar espiritualmente con los elementos y con una deidad mediante ofrendas. Los cuencos de hierro ofrecen protección, los de cobre ofrecen curación y los de barro nos conectan con el elemento tierra para conectarnos a la tierra.
Velas, cera de abeja	Esta cera natural y respetuosa con el medio ambiente se utiliza para fabricar velas capaces de purificar el aire.	La cera de abeja puede ofrecer orientación, perspicacia y mensajes sobre el trabajo, y ayudar a recibir mensajes del mundo de los espíritus.
Velas, sebo	Estas velas, fabricadas con grasa de vacuno, se utilizaron desde la época romana hasta el siglo XVI. Posteriormente, el sebo se sustituyó por cera de abeja.	Las velas de sebo son un homenaje al Viejo Mundo, por lo que se utilizan para las conexiones ancestrales. También están impregnadas de la esencia del buey: resistencia, fuerza y protección.

Herramientas para la bruja tradicional *(continuación)*

HTAS.	DESCRIPCIÓN	PROPIEDADES
Caldero	Los calderos, generalmente de hierro fundido, permiten a las brujas cocinar o mezclar ingredientes mágicos sobre una fuente de calor.	Los calderos se utilizan para mezclar y "cocinar" la magia, así como para elaborar brujería de cocina mediante la combinación de hierbas y alimentos con intenciones específicas.
Tejido	Con telas y tejidos se elaboran amuletos que llevan sus propiedades y pueden rellenarse con otros ingredientes.	Los tejidos, como el algodón y el fieltro, tienen propiedades de suerte y protección, mientras que el terciopelo, el satén, el encaje y la seda tienen propiedades de riqueza y amor.
Incienso	El incienso se presenta en muchas formas: en varilla, en cono o suelto. Es, en esencia, una sustancia que se quema para producir un aroma.	Las propiedades del incienso dependen de las hierbas y resinas utilizadas, pero el objetivo principal es conectar con las deidades espirituales y ofrecerles una ofrenda, o inducir estados de meditación.
Espejos	Cualquier superficie reflectante puede servir de espejo. Las brujas suelen pintar los espejos de negro para adivinar.	Los espejos se utilizan en la magia de adivinación, en la que la bruja pide al espejo que le muestre el futuro.
Agujas o alfileres	Las agujas se utilizan para coser muñecos mágicos o para coser símbolos en bolsos y otros tejidos.	Podemos encantar la aguja para vehicular una intención concreta. Al coser, infundimos esa intención en el tejido. Colocados en tarros, ofrecen protección.
Bolsitas	Estas pequeñas bolsas con cordón suelen ser de terciopelo o muselina.	Los saquitos se utilizan para transportar mezclas de hierbas y piedras para amuletos.
Cuerda o cordel	Esta fibra ancestral se utiliza en artesanía y como herramienta en la magia de nudos o cuerdas.	El cordel se utiliza a menudo en hechizos de atadura, protección y curación.

Itinerario enfocado 2

Bruja popular

La brujería popular está muy vinculada a la comunidad y a la cultura de la región. Estas prácticas populares eran comprendidas por los integrantes de cada pueblo y muchas de ellas eran específicas de cada región y se basaban en las plantas y hierbas disponibles. La práctica también puede incluir sigilos que la comunidad desarrolló basándose en deidades y creencias regionales, así como elementos rituales que incorporaban lo que había en cada región, como agua de río o carbón.

En el centro de la práctica popular se encuentra el curandero popular, el miembro designado de la comunidad que era la fuente de la magia práctica: encantamientos maldicientes, curativos y protectores; cataplasmas, tés, tinturas y otros métodos curativos; conjuros y encantamientos verbales transmitidos de generación en generación. En la época en la que no existía la medicina moderna y no se podía acceder a ella ni pagarla, a menudo se recurría a la medicina popular. Las brujas populares no necesitan ser expertas en fitoterapia para ejercer, ni ser designadas por la comunidad como fuente de apoyo espiritual. Practican las antiguas costumbres de una región utilizando lo que tienen para hacerlo.

Primeros pasos (principiante)

Como ya hemos dicho, el camino folclórico y el tradicional se solapan bastante. Ambos están impregnados de la historia y el saber popular de una región y su cultura. Las brujas folclóricas adoptan un enfoque más propio del Viejo Mundo para su magia, en lugar de adoptar los cambios contemporáneos en la artesanía de la región. Para iniciar el viaje folclórico, las brujas pueden centrarse en los elementos –y sus componentes mágicos– relacionados con una región concreta. Naturalmente, pensamos de forma automática en las plantas y otros elementos de la naturaleza y, aunque eso es una buena parte, otros elementos culturales pueden también entrar en juego en la magia de una bruja folk.

Espíritus de las plantas

El misterio y el encanto rodean el mundo natural, que guarda las huellas del tiempo y cambia con las estaciones. Aunque la conexión con los espíritus de las plantas no está consagrada a ninguna tradición, muchos ingredientes para hechizos

y rituales proceden de plantas y árboles. Las plantas son accesibles a la mayoría y pueden recrear las técnicas utilizadas en la historia y el folclore.

Antes de utilizar plantas en tu consulta, debes observarlas a través de varios prismas. Investiga un poco para conocer la rica historia de la planta o el árbol en la región elegida. Sal al exterior y compara las cortezas de los árboles o las hojas de las plantas de sol frente a las de sombra. Investiga las flores silvestres y los hongos de la región elegida. Pero ten en cuenta que, aunque podemos aprender mucho de otros profesionales y libros, tocar una planta y trabajar con ella (cultivarla, cosecharla, cuidarla) nos permite comprenderla mucho mejor.

Muchas plantas asociadas a prácticas tradicionales o populares son plantas tóxicas o venenosas,* conocidas por su potencia en el trabajo con espíritus. También están asociadas a una práctica conocida como «el camino del veneno», que se centra en el uso mágico de plantas tóxicas y que alteran la mente. Debido a sus cualidades venenosas, las brujas que utilizan estas plantas suelen tener un nivel avanzado.

***Nota de seguridad:** *asegúrate de estudiar cuidadosamente cualquier tipo de planta que utilices, ya que podría ser perjudicial para ti o para los demás. Las reacciones alérgicas son siempre una posibilidad y muchas plantas y hierbas pueden ser tóxicas en dosis altas. Investiga cada una cuidadosamente, usa guantes al manipularlas y lávate siempre las manos después de usarlas.*

Las plantas tóxicas o venenosas siempre han formado parte de la brujería, ya sea por su aspecto, su forma de propagación o su toxicidad. En el Viejo Mundo, algunas plantas se relacionaban con la brujería porque no se comprendían bien. Las setas, por ejemplo, se ganaron fama de «brujeriles» porque parecían propagarse en círculos de la nada; no había raíces que rastrear y crecían muy deprisa. Debido a esa falta de conocimiento, los habitantes del Viejo Mundo atribuían la existencia de las setas a la única explicación posible: la brujería.

La planta venenosa más popular es la belladona,† la planta más tóxica del planeta, pero hay otras plantas venenosas más conocidas de la misma familia, como la datura,† el beleño negro† y la mandrágora.† Otras plantas venenosas populares son el ajenjo,† el acónito,† la cicuta† y la dedalera.† Cada una de estas plantas es muy venenosa y se ha utilizado desde la antigüedad para viajes espirituales y prácticas folclóricas. De hecho, muchas de estas plantas se consideraban posibles ingredientes de los codiciados «ungüentos voladores» de la sabiduría popular, ungüentos alucinógenos (aparentemente) utilizados por las brujas para inducir el estado mental de volar.

†Nota de seguridad: *no recomendamos ni abogamos por el uso de plantas o setas venenosas, tóxicas o alucinógenas..*

Sin embargo, las plantas venenosas también pueden actuar como «familiares», es decir, maestros o guías en el otro mundo. Las plantas familiares pueden ayudar a las brujas a aprender y crecer en su práctica. A menudo, las brujas eligen una planta con la que tienen un vínculo especial o una cercanía espiritual y, al igual que un familiar, la bruja la cuida con más cariño. Esta planta sirve como punto de conexión de la bruja con su lado espiritual, por lo que puede colocarse en el altar cuando se intenta conectar con el reino espiritual en rituales, hechizos y meditaciones, o llevarse colgada del cuello. Si la planta familiar no es venenosa (como no lo son la menta o el tomillo), puede ser quemado.[‡]

‡Nota de seguridad: *nunca quemes ni ingieras hierbas venenosas. Muchas de estas plantas también podrían causar irritación en la piel; usa siempre guantes cuando trabajes con ellas.*

Hechizo psíquico de hoja de apio

Mejora tus capacidades psíquicas para la comunicación con los espíritus o tu trabajo con los sueños con la ayuda de la hoja de apio, que imita a la artemisa* y corresponde a sus poderes psíquicos basados en la magia simpática y la ley de la similitud (*véase* página 34).

***Nota de seguridad:** *la artemisa es una hierba que potencia las capacidades psíquicas, utilizada por muchas culturas por sus leves efectos alucinatorios. Está relacionada con el ajenjo, que también produce efectos alucinatorios. En este libro no recomendamos el uso de estas hierbas de brujas avanzadas. Este hechizo utiliza imágenes. Crear una página en tu Libro de Sombras o grimorio y dibujar diferentes ángulos de la hoja de apio –o imprimir una fotografía, pieza de arte o ilustración– te permite estudiar y conectar con el espíritu de la planta para utilizarlo en hechizos.*

Cuándo realizar este hechizo:
Lunes, sábado o cualquier día, a medianoche

Ingredientes/herramientas:

- Imagen de hoja de apio
- Cerillas o un mechero
- Una vela violeta
- Cristal de amatista
- Diario o cuaderno

1. Despeja y prepara un espacio para tu hechizo.
2. Coloca la imagen de la hoja de apio delante de ti.
3. Enciende la vela y visualiza tus intenciones.
4. Observa la imagen de la hoja de apio, estudiando los detalles de la planta.
5. Cierra los ojos y visualiza en tu menta la hoja de apio.
6. Sostén la amatista en la frente y canta: «Ábrete».
7. Medita durante 5 minutos, sintiendo cómo tu energía conecta con la imagen de la hoja de apio en tu mente y con el cristal.
8. Anota cualquier imagen o símbolo que aparezca en tu mente durante la meditación, o cualquier palabra o frase que te venga inmediatamente a la mente. Puede ser útil anotarlas en un diario para reflexionar sobre ellas más adelante.

Brujería popular intermedia

Al igual que en la brujería tradicional, el nivel intermedio de la brujería popular incorpora a menudo la visualización ampliada en hechizos y rituales, así como el trabajo con familiares, dobles espirituales y animales de poder. Estos actos de magia requieren fuertes habilidades básicas de visualización, que sólo se adquieren con la práctica. A continuación, se presentan algunas partes de esta magia y cómo practicarla cuando estés preparado.

Familiares, dobles espirituales y animales de poder

Los familiares han estado vinculados a la brujería y otras prácticas mágicas durante siglos. El familiar era un animal o espíritu que ayudaba a una bruja a conectar con el reino espiritual. Al «ver» a través de los ojos de este animal, se podía viajar al «otro mundo» –nombre con el que se suele designar el reino espiritual– para hablar con los espíritus. En la antigüedad, se creía que el familiar servía a la bruja para viajar por la noche sin ser detectada y también que cumplía sus órdenes, como embrujar a otros. Se creía que el Diablo mismo se lo había dado a la bruja o que lo había heredado de un familiar para fines mágicos. Aunque un familiar podía ser cualquier animal, los más comunes eran las liebres y los gatos.

Un familiar no tiene por qué ser una puerta al otro mundo o una herramienta a disposición de la bruja; en cambio, las brujas de hoy en día suelen tener familiares que son simplemente compañeros espirituales que nos conectan con el mundo natural o nos ofrecen protección cuando hacemos magia. Puede que ya sepamos qué tipo de animal es nuestro familiar o puede que tengamos una mascota que actúe como ese animal. Si no conoces a tu familiar, reflexiona sobre tus sueños, meditaciones o simples paseos por el parque. ¿Tienes acaso ciertos animales que te resultan familiares? Ese animal puede ser tu compañero espiritual.

Estas conexiones con animales o espíritus suelen basarse en la confianza y los familiares suelen convertirse en ayudantes o compañeros de las brujas. Antiguamente, se creía que el familiar se mantenía con vida chupando sangre de la bruja para alimentarse y por ello a menudo los cazadores de brujas buscaban el punto de succión como prueba de que alguien era bruja. La bruja también alimentaba al familiar con su sangre como medio de conexión con él. Aunque estas formas de vinculación con el familiar ya no se practican, sí se conservan otros métodos de vinculación: una bruja cuida de su familiar desde que nace y está muy unida a él, actuando casi como su sombra.

Por otro lado, los dobles espirituales son las sombras o los dobles de las brujas. Suelen aparecer durante viajes de meditación profunda o experiencias extracorpóreas, guían y protegen a la bruja. A diferencia de los familiares, que son

Herramientas para la bruja popular

Además de las herramientas de las páginas 44 y 45, las brujas populares también pueden utilizar éstas.

HTAS.	DESCRIPCIÓN	PROPIEDADES
Cuernos, huesos o plumas de animales	Se trata de objetos procedentes de animales, como huesos o plumas, pieles, uñas, cráneos, dientes o símbolos, que pueden utilizarse para representar espíritus animales. Hay que tener en cuenta que es ilegal recolectar sin permiso algunas plumas, como las de las aves de presa. Infórmate sobre la legislación en cada región.	Diferentes tipos de restos animales podían utilizarse para recibir y albergar ofrendas o servir de hogar al espíritu animal.
Tierra	Se trata de tierra y polvo tomado de lugares locales. Ten en cuenta que es ilegal sacar tierra de propiedades privadas y públicas. Investiga las leyes en cada región.	Espolvorea tierra en tus zapatos o en tu altar cuando realices hechizos.
Hierbas locales	Una colección de hierbas o recursos sobre hierbas puede ayudar a aprender más sobre prácticas curativas populares y magia práctica.	Se utiliza para elaborar amuletos, cataplasmas, tés y tinturas para magia curativa y de protección.
Aguas locales	Se trata de aguas de una fuente concreta, como un río local. No tomes aguas de pozos o espacios sagrados ni de ninguna propiedad privada.	El tipo de agua que utilices modifica la intención. Utiliza agua de río para hechizos de transiciones y cambios; agua de lago para hechizos de adivinación; agua de riachuelo para hechizos de limpieza; agua de tocón para la conexión espiritual y la purificación.

criaturas tangibles separadas de la bruja, un doble espiritual es una forma de pensamiento diseñada por la bruja para vagar por el mundo y cumplir las órdenes de la bruja. Este doble espiritual puede, al igual que el familiar, vagar por el otro mundo o salir al exterior para hacer magia. Y, a diferencia de lo que ocurre con el familiar, la bruja puede determinar el aspecto del doble espiritual; puede aparecer como un doble de la bruja, una persona totalmente diferente o un espíritu animal.

Los animales de poder son un poco diferentes. En lugar de ser una representación de la bruja, en realidad son un guía o guías espirituales. Estos animales de poder pueden venir a ti en el reino de la tierra, el reino de los sueños o en un viaje meditativo, para compartir mensajes u ofrecerte consuelo y guía. Aunque tengas uno de estos animales como mascota, no es la mascota real la que es el animal de poder, como ocurre con un familiar. Los animales de poder son animales como los conocemos: un conejo, un búho, un caballo. Puedes crear un doble espiritual que se parezca a tu animal de poder, pero cuando estos animales aparecen en cualquier reino, suelen llevar mensajes del reino espiritual. Lo que tanto los familiares como los doble espirituales tienen en común es su propósito de realizar magia y lo que todos tienen en común es la capacidad de fortalecer la conexión de la bruja con el reino espiritual.

Aceite y hechizo para la conexión espiritual

Utiliza este aceite de hechizo para ayudarte a conectar con tu familiar y conocerlo. Aunque creamos saber cuál es nuestro familiar, éste no siempre es lo que queremos que sea, sino más bien un animal cuyas características necesitamos en un momento determinado de nuestra vida. Las hierbas sugeridas en este aceite es mejor secarlas y molerlas. Cuanto más tiempo se dejen macerar las hierbas en el aceite, más fuerte será éste. El tiempo de espera ideal puede ser de 4 a 6 semanas para obtener potencia.

Cuándo realizar este hechizo:
Lunes, jueves o sábado entre las 19:00 y las 21:00

Ingredientes/herramientas:

- Una pizca de laurel seco
- Una pizca de hojas secas de diente de león
- Una pizca de violetas secas
- Un frasco cuentagotas pequeño (de 30 a 60 mililitros)
- Entre 30 y 60 mililitros de aceite portador, como almendra, jojoba, oliva o rosa mosqueta

1. Despeja y prepara un espacio para tu hechizo.
2. Vierte una pizca de cada hierba en el frasco cuentagotas.
3. Rellena el espacio restante del frasco con el aceite portador y cierra el frasco.
4. Haz rodar el frasco de un lado a otro entre tus manos para calentar los ingredientes.
5. Cierra los ojos y concéntrate en tu intención de conexión con el espíritu familiar.
6. Cuando estés listo para iniciar el contacto con los espíritus, colócate un punto de aceite en la frente y siéntate en una postura cómoda.
7. Relaja la respiración y empieza a meditar, sintiendo cómo tu energía conecta con el aceite.
8. Visualízate caminando por un lugar remoto: un bosque, la orilla de un océano o incluso una montaña.
9. Observa cómo tú mismo y el lugar cobráis vida y permítete disfrutar de las vistas, los olores, los sonidos y las texturas.
10. Mientras exploras tu lugar remoto, estate abierto a encontrar un guía. Lo más probable es que el ser que veas pueda ser tu guía familiar.

CAPÍTULO 4

BRUJAS DE LA NATURALEZA

Las brujas de la naturaleza conocen el poder y la influencia del mundo natural. En esta forma de brujería, la bruja utiliza la energía de uno o todos los elementos en hechizos y rituales, para provocar intenciones y cambios. Al fin y al cabo, son estos elementos los que se entrelazan para crear el mundo que nos rodea. Ellos producen esa energía. La bruja de la naturaleza simplemente la utiliza. El fuego necesita aire para sobrevivir; la tierra necesita agua para convertir la semilla en flor; y el agua templa la llama. Como estos elementos dependen unos de otros, tiene sentido que, en la brujería de la naturaleza, la magia se base en el simbolismo de los elementos y sus combinaciones.

Pero, como es natural, las brujas de la naturaleza tienen favoritos: un elemento favorito, una estación favorita y un tipo de energía favorita con la que trabajar. Y así, a menudo, vemos a este tipo de bruja caer en una de estas cinco categorías principales: bruja del agua, bruja verde (o de la tierra), bruja elemental, bruja del aire y bruja del fuego. Aunque las brujas de la naturaleza utilizan todos los elementos, las brujas del agua pueden trabajar predominantemente con la avena marina y las algas, con los peñascos elevados por encima de la marea y el caminar de la luna, más que con los espíritus de los árboles y las hadas ocultas en los setos, que serían el dominio de la bruja verde.

Debido a esta dependencia de la naturaleza, es habitual que la bruja de la naturaleza viva acorde con las estaciones: la reflexión y la soledad en el invierno, la fertilidad y la intensidad en el verano y las cualidades transitorias en el otoño y la primavera. Las brujas de la naturaleza conocen estos cambios de ritmo y su magia aprovecha las intenciones estacionales:

utiliza la energía de cada estación para vehicular e intensificar sus propias intenciones.

Las brujas de la naturaleza también incorporan el animismo en su magia, ya que éste (*véanse* las páginas 34 y 35) asume que todos los elementos naturales, (plantas, animales y objetos) contienen un espíritu, una esencia. Es con este espíritu con lo que trabajan las brujas de la naturaleza para lograr una intención. Esto también depende del tipo de bruja que seas: las brujas del agua se sienten inclinadas a trabajar con bestias marinas, mientras que las brujas del aire pueden incorporar plumas o huesos de pájaro en sus hechizos.

No podemos aquí olvidarnos de la astronomía. Desde la antigüedad, los humanos han observado los seres celestiales y los han honrado por lo que nos ofrecen: luz, sustento, vida. Las fases lunares influyen en las intenciones de nuestra magia y el sol sigue siendo honrado en rituales y *sabbats*. Los planetas también contienen esencia, energía e intención y podemos aprovecharlos (para más información sobre el sol, la luna y los planetas y sus influencias, *véase* el capítulo 6). A continuación, analizaremos más a fondo el uso de la naturaleza en tu práctica y nos centraremos en los tipos específicos de brujería de la naturaleza que pueden resultarte atractivos. No sientas que tienes que elegir sólo un elemento; combinarlos te permite concretar tus intenciones para manifestar lo que necesitas.

TRABAJAR CON LA NATURALEZA

Pero, ¿cómo trabaja una bruja con la naturaleza? Depende. Un método posible es incorporar la flora, la fauna y los elementos en los hechizos: por ejemplo, espolvoreando algas secas en los umbrales para atraer la prosperidad o colgando flotadores de pescador en el exterior de la casa como protección.

Otra de las principales formas de trabajar con la naturaleza es a través del simbolismo. Animales, plantas, cuerpos celestes... casi todos los que imaginamos pueden ser símbolos de conceptos más amplios. Lo que simbolizan depende probablemente de la cultura y la época, por lo que te recomendamos que investigues antes. Podemos llevar la imagen de un animal que simbolice la valentía, plantar hierbas que simbolicen la seguridad o la felicidad o inscribir las fases de la luna en velas para imbuir energía de las fases (hablaremos de ello más adelante). Podemos llevar huesos o plumas de búho o inscribir la palabra «sabiduría» en una vela blanca.

Como puedes ver, hay muchas maneras de «usar» elementos naturales en hechizos. Todo se reduce a lo que sentimos más natural, lo que nuestra intuición nos dice que hagamos, así como los rasgos del elemento en cuestión. Cualquiera que conozca su signo astrológico puede decirte los rasgos que heredó de las estrellas y esto se basa, en parte, en el elemento del signo. También puedes elegir un elemento dependiendo del tipo de magia que quieras hacer:

🜁 El elemento aire rige sobre la claridad mental, la comunicación, la inspiración, la creatividad, la magia infantil, la sabiduría y las búsquedas intelectuales. Géminis, Libra y Acuario son signos de aire.

🜃 El elemento tierra favorece la racionalidad y objetividad, el enraizamiento y el sentido práctico. Los signos Tauro, Virgo y Capricornio son de tierra.

🜄 El elemento agua favorece la emoción y la intuición por encima del pragmatismo. El agua también vehicula el estado onírico y los deseos inconscientes. Cáncer, Escorpio y Piscis son signos de agua.

🜂 El elemento fuego rige la pasión y el impulso y suele relacionarse con esferas de la vida en las que la asertividad, la agresividad, la valentía y la fuerza se necesitan, como en los negocios. También se relaciona con la intensidad y la búsqueda del amor, que a menudo tienen que ver con el sexo y el inicio de las relaciones. El elemento fuego se considera el más inestable de los elementos debido a su intensidad. Aries, Leo y Sagitario son signos de fuego

Y así podemos empezar a ver cómo toma forma cada tipo de bruja de la naturaleza. Las brujas verdes honran y aprecian el mundo natural, utilizando árboles, rocas, plantas, hierbas, aceites esenciales, cristales y productos botánicos. Las brujas del agua o del mar aprovechan la energía del agua, utilizando agua dulce o salada en hechizos de adivinación, magia de baño, meteorología o para trabajar con las propias emociones. Las brujas del agua suelen vivir cerca de fuentes de agua y utilizan arena, conchas o elementos de inspiración náutica en sus hechizos. Las brujas de aire se centran en el uso de herramientas relacionadas con el aire, como varitas, viento y campanas de viento, plumas o aves, humo o incienso purificador y otros amuletos de aire. El elemento invisible del aire permite a las brujas centrarse en la mente y en los hechizos de comunicación. Las brujas de fuego utilizan el elemento fuego en su práctica. Las velas, la magia ardiente, las hogueras, la magia solar o los símbolos que representan el fuego son todas buenas opciones. Y aunque cada elemento es muy diferente, son todos símbolos para la misma cosa. Por ejemplo, en los hechizos de estabilidad, una bruja del agua puede usar arena, una bruja de verde puede usar sal o tierra, una bruja de fuego puede usar ceniza y una bruja de aire puede usar ramitas de nido. Cada elemento tiene el mismo objetivo: lograr la estabilidad. Por último, las brujas elementales utilizan los cuatro elementos y sus correspondencias simbólicas para lograr la intención.

Como la bruja de la naturaleza también puede centrarse en las estaciones, los elementos que incluya en los hechizos pueden cambiar en función de lo que esté disponible en la región. Aunque las importaciones y las compras por Internet pueden ayudar a la bruja de la naturaleza que se ve limitada por la disponibilidad local, muchas brujas de la naturaleza utilizan el cambio de las estaciones para «refrescar» su magia e introducir nuevos simbolismos. Los pequeños conejitos de primavera pueden estar plagados de simbolismo de fertilidad, pero en otoño, el conejo (o la liebre, aunque son un poco diferentes) se alinea más con los viajes espirituales, ya que es uno de los animales conocidos por su condición de familiar (*véase* página 51). Del mismo modo, las cualidades purificadoras del tomillo y la menta en primavera serán sustituidas, en invierno, por la pureza del abedul blanco.

Para programar los hechizos, la bruja de la naturaleza suele recurrir a las fases lunares y a la relación entre el sol y los planetas. La luna puede añadir energía a los hechizos en función de su fase actual. La luna creciente corresponde al renacimiento, la esperanza, el coraje, la valentía y a cualquier hechizo que «añada» algo a nuestras vidas, como suerte, amor o dinero. En esta fase, la luna «crece» en tamaño, por lo que nuestra magia imita este fenómeno y nos centramos en hechizos para el crecimiento. La luna llena simboliza el poder y la fertilidad. En esta fase, la luna ha alcanzado su punto álgido en términos de emoción. Si quieres realizar un hechizo de valentía, la luna llena promete valentía en su máxima expresión. Si deseas limpiarte, con ella no quedará ni una mota de negatividad. La luna llena tiene un poder y control óptimos: ella manifestará tu intención al máximo, sea la que sea. La fase menguante se relaciona con hechizos que eliminan algo de nuestras vidas. Podemos usar esta fase para romper hábitos, terminar relaciones, dejar ir viejos sentimientos y para la limpieza espiritual. La fase menguante también es para la transformación, los finales, el cambio y la sabiduría.

El sol y su relación con los planetas pueden ayudarnos a elegir un determinado momento del día para hacer magia. Muchos eruditos han dedicado su tiempo y dedicación a identificar las horas del día más óptimas para una amplia gama de trabajos de hechicería, pero todo esto queda fuera del alcance de este capítulo.

Breve historia de la magia natural

Vivir en contacto con la naturaleza es una de las experiencias fundamentales del ser humano. Desde los nómadas de la Edad de Hielo hasta los colonos que se aventuraban a nuevas regiones, los humanos han tenido que vivir en sintonía con las estaciones y los cuerpos celestes, basando sus cacerías en las horas del día, las estaciones, etcétera. Su vida dependía de ello. Sin embargo, hace unos diez mil años, en varias partes del mundo, se produjo la aparición de la agricultura y la ganadería, que permitió a la gente permanecer en un lugar y cultivar el sustento. Empezar a domesticar animales o plantar semillas para cultivar en los campos fueron avances significativos. Y aunque el cultivo no eliminó los aspectos de la vida relacionados con la caza y la búsqueda de alimentos, sin duda cambió la forma en que percibíamos la recolección de alimentos. A pesar de avances, los humanos seguían teniendo que vivir en función de las estaciones y de sus lugares de residencia, algo que sigue siendo cierto hoy en día, incluso con la globalización.

La revista *Old Farmer's Almanac* es un testimonio de esta relación entre el hombre y la agricultura, y de su dependencia de la naturaleza. El *Old Farmer's Almanac* surgió en 1792 como fuente informativa sobre el cultivo y la jardinería, la cosecha, las predicciones meteorológicas, los amaneceres y atardeceres, etcétera. También contenía información astrológica, como las mejores fases lunares para cosechar las plantas, pero desde luego no era el primero en hacerlo. La mujer media de la América colonial habría obtenido del almanaque de Daniel Leeds de 1687 el saber sobre el mejor momento para cosechar sus hierbas (sí, sus hierbas) en función de la influencia planetaria. Estas incorporaciones astrológicas suscitaron cierta polémica, que se fortaleció con el tiempo e influyó en la forma en la que se abordaron los contenidos ocultistas en los almanaques posteriores.

La magia natural también procede de las culturas primitivas y de su deseo de racionalizar los fenómenos naturales que presenciaban. Sin conocimientos científicos que les permitieran entender el mundo que les rodeaba, las culturas se basaron en interpretaciones comunes de lo que debía estar ocurriendo y crearon seres que controlaban distintas partes del mundo, cada uno con sus intereses y personalidades particulares, cada uno guardián de alguna faceta de la naturaleza. A menudo, estos seres ofrecían consejo al ser humano, pero también pretendían explicar cómo surgieron las cosas en el mundo natural. Ya fuera celta, griega, inca, japonesa, mesopotámica, nativa americana, zulú o cualquier otra, la mitología ofrecía lo que el entendimiento humano no podía ofrecer: una respuesta.

Las deidades siguen formando parte de la experiencia de las brujas de la naturaleza, pero no todas las brujas de la naturaleza las incluyen en su práctica.

Aspectos únicos de las brujas de la naturaleza

Aunque todas las brujas pueden aprovechar la energía de su interior y de su entorno para añadirla a su magia, es la bruja de la naturaleza la que lo hace con toda su fuerza. Esta bruja guarda una fuerte relación con los elementos y cuando la energía es lo que alimenta la magia, la capacidad de atraer esta energía elemental con facilidad puede ser lo que la diferencie del resto de brujas. Las brujas principiantes, en general, tienen más facilidad para trabajar con la magia de la naturaleza, porque pueden no saber muy bien cómo encontrar y acumular energía en su interior o ser capaces de conjurar esa energía con facilidad. En este sentido, los elementos apoyan y guían a la bruja principiante. Las brujas de la naturaleza tampoco tienen que depender de la investigación y los cuentos de su región o cultura para instruirse sobre cómo hacer magia, como podrían hacer las brujas tradicionales o folclóricas. La cualidad universal de la naturaleza y sus elementos permiten liberarse de cualquier sentimiento de necesidad de «hacerlo bien» o de ser «históricamente preciso».

Por qué son populares la magia verde y la magia del agua

El fuego y el aire son importantes y controlan nuestras vidas. Las hogueras encendidas en las celebraciones celtas de Samhain para honrar al sol son una prueba de ello. Hemos comprendido que estos elementos también son necesarios para la vida. Sin embargo, en el reino mágico, a menudo vemos más brujas verdes y brujas del agua que brujas de aire y fuego. ¿Por qué? Puede que nunca sepamos las razones exactas por las que las brujas tienen favoritos en este terreno, pero podemos conjeturar que la brujería del aire y del fuego se basan en los elementos volubles, a veces ausentes, de la naturaleza: la transparencia del aire y la desaparición del humo. El inevitable final de la llama de la vela una vez que la cera se ha consumido. Una cerilla tiene una vida corta y, muy pronto, la llama se apaga. Aunque siempre podemos crear nuevas llamas, aliento y humo, estos elementos existen en su temporalidad.

En la brujería verde y de agua hay permanencia. La Tierra siempre está presente, lista para ser explorada y honrada, y sabemos que siempre podemos buscarla cuando necesitemos la energía de una planta o un árbol. Lo mismo ocurre con el agua. El arroyo estará ahí mañana, igual que hoy. En esencia, la permanencia de estos elementos puede ser lo que los hace más populares. Es más fácil acceder a ellos.

La conexión espiritual del agua también puede resultar seductora. Los pozos sagrados, los ríos conectados con el otro mundo, el sonido del agua que se dice que es el indicador de un viaje chamánico, las aguas sagradas. Todos ellos poseen una cualidad espiritual distintiva. Y aunque todos los elementos son espirituales, quizá el agua pueda considerarse «más» espiritual que el fuego y el aire. Esta jerarquía puede incluir también a la tierra, porque la Madre Tierra se considera especialmente sagrada en muchas culturas, independientemente de su nombre.

Herramientas para la bruja de la naturaleza

HTAS.	DESCRIPCIÓN	PROPIEDADES
Frascos de boticario	Las brujas de la naturaleza que deseen incorporar un componente tradicional pueden utilizar antiguos frascos de boticario para adornar sus altares y guardar sus hierbas.	El color de los tarros de boticario o de los tarros viejos, en general, puede añadir correspondencia. Sea cual sea el tarro, siempre hay que limpiarlo y secarlo bien para que la humedad no afecte a ninguno de los objetos que contenga.
Velas	Las velas de ritual o las de pilar son fáciles de conseguir y relativamente baratas. Añaden significado de color a la magia. Las velas atraen a los elementos fuego, tierra y aire.	Utiliza velas de ritual pequeñas para los hechizos, ya que se consumen rápidamente y muchos hechizos, por lo general, requieren que las velas se consuman.
Cristales	Los cristales son restos de tierra, por lo que la bruja de la naturaleza puede aventurarse en el reino de la bruja ecléctica para tener cristales en el altar.	Los cristales ofrecen correlaciones individuales, pero todos ellos están relacionados con la estabilidad y los cimientos, propiedades regidas por el elemento tierra.
Flores secas	Las flores más utilizadas en magia son la caléndula, la equinácea, las margaritas, el diente de león y el jazmín.	Las flores secas son ideales para adornar altares y ofrecer ofrendas a las deidades. Al igual que las hierbas, infunden al espacio intenciones individuales.
Aceites esenciales y aceites portadores	Los aceites esenciales* proceden de la planta tras la destilación del material vegetal. No contienen nada de la materia orgánica, pero tienen las propiedades de la planta en el aceite. Existen innumerables tipos de aceites esenciales procedentes de plantas. Los aceites esenciales incorporan los elementos tierra y agua. Los aceites portadores son aceites de base que se utilizan para diluir los aceites esenciales cuando se aplican sobre la piel o cuando se manipulan aceites esenciales, ya que éstos pueden ser potentes y provocar reacciones alérgicas, quemaduras y ser tóxicos en dosis elevadas. Los aceites portadores más comunes son los de coco, jojoba, semilla de albaricoque, almendra dulce, oliva, rosa mosqueta, semilla de uva y argán.	Mezcla aceites esenciales* y aceites portadores* para ungir velas en hechizos o añádelos a inciensos sueltos y sales de baño para manifestar una intención específica. Al diluir aceites esenciales con un aceite portador, es importante seguir las directrices de cada aceite para la dilución. Como pauta general para adultos, añade 15 gotas de aceite esencial por cada 6 cucharaditas de aceite portador para una dilución del 2,5 %. Para una dilución del 3 %, añade 20 gotas de esencia por cada 6 cucharaditas de aceite portador. Para los niños, añade de 3 a 6 gotas de aceite esencial por cada 6 cucharaditas de aceite portador para una dilución del 0,5 % al 1 %. ***Nota de seguridad:** *lee atentamente y sigue las instrucciones de fabricación y las proporciones de dilución recomendadas para ambos tipos de aceites, así como para cualquier posible reacción alérgica o tóxica.*

Herramientas para la bruja de la naturaleza *(continuación)*

HTAS.	DESCRIPCIÓN	PROPIEDADES
Plumas	Las plumas forman parte del elemento aire y del elemento tierra, y el ave a la que pertenezcan influirá en sus correspondencias. Ten en cuenta que algunas plumas, como las de las aves rapaces, son ilegales de recoger sin un permiso. Asegúrate de investigar las leyes de cada región.	En general, las plumas anuncian el cambio y la buena energía y mueven y dirigen la energía, a menudo para eliminarla. El ave correspondiente añadirá intención al espacio en el momento de la limpieza.
Hierbas	Las hierbas más comunes† para la bruja de la naturaleza son la lavanda, la menta, el romero, la salvia y el tomillo. Son fáciles de cultivar y están ampliamente disponibles. Las hierbas corresponden al elemento tierra. **†Nota de seguridad:** *ten cuidado con todas las hierbas, ya que las reacciones alérgicas son siempre una posibilidad y muchas hierbas pueden ser tóxicas en dosis altas. Investiga cada hierba cuidadosamente, usa guantes al manipularla y lávate siempre las manos después de usarla.*	Utiliza estas hierbas trenzándolas (romero y lavanda), quemándolas una vez secas o simplemente cultivándolas, lo que fomenta sus intenciones en el espacio que habitan.
Incienso	El incienso (en conos, suelto o en varillas), al igual que las velas, combina los elementos tierra, fuego y aire.	Hay muchas mezclas de hierbas‡ p ara intenciones específicas. **†Nota de seguridad:** *la toxicidad del humo de ciertas plantas debe tenerse siempre en cuenta a la hora de elaborar una mezcla de incienso.*
Cerillas	Las cerillas ofrecen una combinación de los elementos fuego y aire, y podemos incorporar las maderas en nuestra magia para una mayor correspondencia.	Las cerillas son ideales para la bruja tradicional de la naturaleza que desea una forma más «primitiva» de añadir estos elementos a su magia. Las cerillas suelen ser de pino, que simboliza la protección.
Conchas	A menudo incorporamos conchas en los altares y las usamos como platos para contener manojos de hierbas y hierbas sueltas. Atraen al elemento tierra.	Cada concha tiene una intención distinta, pero todas ofrecen protección y estabilidad, un homenaje a su propósito en el mar: proteger al animal que llevan dentro.

Itinerario enfocado 3

Bruja verde

Como ya hemos comentado brevemente, las brujas verdes se centran en el elemento tierra. A veces, estas brujas también son jardineras, herboristas o recolectoras, y les gusta trabajar con criaturas mágicas o hadas. Las brujas verdes suelen sentirse atraídas por las artes curativas y disfrutan elaborando infusiones, tinturas o productos naturales, como bálsamos y ungüentos con hierbas y aceites esenciales. En esto se solapan la bruja verde y la bruja popular.

PRIMEROS PASOS (PRINCIPIANTE)

Para la bruja verde, la magia proviene de su entender del mundo verde, así que un buen punto de partida es familiarizarse con la tierra y con las plantas «brujeriles» más comunes. Si no eres jardinero, empieza con una planta fácil de cultivar, como la menta. Empieza dibujando un círculo en sentido deosil (el sentido de las agujas del reloj) en la tierra para fomentar el crecimiento y la abundancia en la cosecha. También puedes incorporar otros símbolos a la tierra, como un corazón para el amor o una luna creciente para el crecimiento, y regar la planta con una regadera de boquilla fina. De este modo, desarrollamos nuestra conexión con el mundo verde y con la planta en particular.

El siguiente paso cuando se trabaja con el mundo verde puede ser el de secar y envasar las hierbas y plantas. Muchas brujas verdes tienen hierbas y plantas colgadas boca abajo en espacios ventilados, oscuros y frescos para poder utilizarlas en recetas, tés y ungüentos curativos, así como popurrí de suelo (flores esparcidas por el suelo para ofrecer intención y limpieza, una vuelta a tiempos más tradicionales). A otras simplemente les gusta tener las hierbas colgadas para fomentar las intenciones en el espacio que ocupan.

También podemos hacer trenzas con plantas enredaderas, como la hiedra, hierbas y largos zarcillos de lavanda y romero, y colocarlas alrededor de la casa para acumular poder; al trenzar, añadimos nuestra energía a las plantas para crear una trenza de energía concentrada, que se liberará en un hechizo cuando lo deseemos. Las trenzas también pueden «ligar» energías, por lo que podemos hacer trenzas de «preocupación» con malva (otra planta enredadera) y tomillo, impregnando la trenza con todas nuestras ansiedades y extrayéndolas de nosotros mismos.

La corona de la bruja de jardín

Una forma de trabajar con la magia verde es elaborar coronas, que tienen energías protectoras y pueden infundir al espacio las cualidades de las hierbas y plantas de las que están hechas. Estas coronas se colocan en la puerta de entrada para que actúen como guardianes contra quienes puedan desear mala voluntad o para marcar el espacio como sagrado o espiritual. ¡No volverás a ver tu corona de temporada de la misma manera!

Cuándo realizar este hechizo:
Domingo o jueves, a cualquier hora

Ingredientes/herramientas:

- Plantas secas y verdes, como ramas de lavanda, ramas secas de cedro o pino y equináceas
- Base de corona, como una corona de parra ya hecha
- Pistola de encolar
- Pegamento en barra
- Cualquier tejido o cinta de tu elección, preferiblemente en verdes y morados

1. Empieza por determinar dónde quieres colocar las plantas y la vegetación en la base de la corona. Considera la posibilidad de colocarlas en capas y dejar que las equináceas sean el centro de atención. La caléndula simboliza la sabiduría y la salud, propiedades primordiales que buscamos en el hogar. Si lo deseas, puedes retirar y guardar los pétalos secos de un lado de las cabezas de las flores, ya que es probable que se desmoronen al colocarlos en la base de la corona.
2. Cuando tengas la disposición determinada, pega las frondas en las zonas ocultas, centrándote en la superposición de intenciones. Todos los elementos aquí utilizados corresponden a protección, curación y limpieza, y sus colores aportan una conexión curativa y espiritual.
3. Cuando hayas terminado, enrolla los tejidos (si los ha elegido) alrededor de la corona, empezando por el lado derecho y moviéndose en el sentido de las agujas del reloj. A continuación, haz 9 nudos. Al hacer cada nudo, di cada una de las siguientes líneas:

«Un nudo para la limpieza».
«Un nudo para la protección».

«Un nudo para la curación».
«Un nudo para la conciencia psíquica».
«Uno para la espiritualidad».
«Uno para la abundancia».
«Otro para la seguridad».
«El octavo para construir el poder».
«El noveno para sellarlo».

4. Cuelga la corona en la puerta de entrada, encima de una chimenea o en un altar.

BRUJERÍA VERDE INTERMEDIA

Las brujas verdes de nivel intermedio pueden querer ir más allá de las correspondencias con las plantas, las fases lunares y el simbolismo en su magia y quizá quieren contemplar los huesos, las piedras y los palos como herramientas adivinatorias. Pueden invitar a los hados a sus casas para que refuercen sus hechizos, les den bendiciones o incluso les ayuden con las tareas domésticas. Y puede que deseen fortalecer su relación con los elementos trabajando con los elementales (o los seres espirituales encargados de gobernar los elementos). Esto es diferente de trabajar con los elementos, que significa introducir su simbolismo en nuestra magia. Aquí, en cambio, estamos trabajando con seres espirituales.

Habilidades intermedias: trabajando con los elementales

Los elementales son entidades espirituales que crean y protegen los elementos, y hay distintos tipos para cada elemento: las ondinas (agua), los gnomos (tierra), las salamandras (fuego) y las sílfides (aire). Cada grupo tiene sus inclinaciones particulares, pero lo que hay que saber sobre ellos es que no son como las hadas o las deidades, que tienen juicios y temperamentos humanos. Son más bien energías que se mueven y realizan tareas.

Los elementales tienen, sin embargo, particularidades, y un exceso de un elemento en tu hechizo puede causar más daño que bien. Las ondinas, por ejemplo, son excelentes para conectar con nuestro yo intuitivo, pero también guían nuestras emociones y un exceso de ellas puede provocar trastornos emocionales e incapacidad para ver más allá de los sentimientos. Los gnomos fomentan el pensamiento racional y la estabilidad, pero eso puede llevarnos a la falta de esperanza y creatividad. Las salamandras nos ayudan en la pasión y la motivación, pero son volátiles y muy enérgicas, lo que conduce a una energía equivocada. Y las sílfides crean los vientos y fomentan la inspiración, la claridad mental y la creatividad, pero demasiada influencia sílfide puede causar falta de racionalidad y objetividad. Como en la vida, los elementos son buenos con moderación, por lo que la bruja intermedia recurre a los elementales como entidades espirituales que pueden guiar y apoyar.

Hechizo para pedir apoyo a los elementales de tierra

Para este hechizo, elaboramos tinta y canalizamos a los elementales de tierra antes del hechizo real que queremos hacer. Esto pide su apoyo y su presencia para el hechizo. Los elementales de tierra ofrecen estabilidad y guía racional, por lo que son los mejores para los hechizos relacionados con las emociones y el cambio.

Cuándo realizar este hechizo:
Martes, a cualquier hora (lo ideal es a las seis de la tarde)

Ingredientes/herramientas:

- Una olla pequeña
- Nueces negras, semidescascaradas o semipicadas (para permitir que el interior de las nueces se libere al hervirlas)
- 1 vaso (240 ml) de vinagre
- Colador de malla fina
- Bote de cristal o tintero
- Sal
- Una vela de ritual verde
- Una vela de ritual blanco
- Una vela de ritual marrón
- Trozo de papel
- Pincho de bambú, pluma con punta metálica u otro instrumento de escritura
- Una ofrenda, como musgo, flores secas de áster o hierba dulce en un plato pequeño

Para hacer la tinta:

1. En una olla pequeña, combina las nueces negras y el vinagre y cuece a fuego lento hasta que adquieran un fuerte color marrón-negro (unos 30 minutos).
2. Utilizando guantes, cuélalo y decántalo en un tarro de cristal o en un tintero.

Para el hechizo:

1. Haz un círculo de sal.
2. A lo largo del círculo de sal, coloca las velas en un triángulo equidistante con la punta hacia abajo.
3. Con sal, dibuja una línea horizontal a través de ese triángulo, más cerca de la punta del triángulo que del centro. Éste es el símbolo del elemento tierra (*véase* la página 59).
4. En tu papel, usando tu herramienta de escritura y tu tinta, inscribe la intención del hechizo que deseas realizar después de este hechizo de invocación elemental. Usa palabras como amor, fundación, arraigo, amistad, sanación, etcétera.
5. Coloca el papel entre el humo de cada vela y, mientras lo haces, di: «El poder no es sólo mío; elementales de la tierra, os conjuro para que volváis a casa. Por favor, ayudadme en mi magia». A continuación, coloca el papel en el centro del triángulo.
6. Mantén la misma configuración mientras realizas tu otro hechizo. Es probable que sientas una presencia mientras lo haces.
7. Después del hechizo, coloca el plato de ofrendas en el centro del triángulo y da las gracias de corazón a los elementales. Cierra el círculo declarando que la apertura espiritual está cerrada y que ninguna entidad puede atravesarla. Deja que las velas se consuman.
8. Mantén este montaje toda la noche. Por la mañana, coloca las ofrendas en el jardín o cerca de la puerta principal, junto con la sal que hayas utilizado.

Itinerario enfocado 4

Bruja del agua

La bruja del agua trabaja con todo tipo de aguas, de elementales y entidades del agua, así como con lugares húmedos. A menudo, la bruja del agua se centra en fomentar la espiritualidad, la conciencia psíquica, la intuición y la sabiduría femenina. La bruja del agua también puede trabajar con la luna, ya que ésta influye en el agua y sus intensidades. Quizá se centre en los sueños y el subconsciente e incorpore a su práctica la meditación y los viajes espirituales.

Las aguas recogidas tienen poderes diferentes dependiendo de su origen. Las aguas de pantanos y ciénagas ofrecen poderes de reflexión y trabajo de sombras, mientras que las aguas de manantiales y pequeños arroyos ofrecen paz y comienzos. El agua de mar ofrece protección y claridad, así como una conexión espiritual o ancestral, mientras que las aguas de río son para remover o limpiar. Las brujas pueden recoger distintos tipos de aguas para utilizarlas en su magia, desde ungir velas y cargar piedras hasta bendecir sus herramientas. Las aguas de lago o estanques de hadas ofrecen una visión del otro mundo y de nosotros mismos, por lo que utilizan estas aguas para adivinar.

Las brujas del agua pueden ampliar este enfoque e incluir a animales de agua. Los delfines, las tortugas, los erizos de mar, las ballenas, los tiburones... todos tienen diferentes intenciones, por lo que su simbolismo se usa muy a menudo en los hechizos. Los animales acuáticos, como las tortugas, los erizos de mar y las ballenas, suelen simbolizar la protección. Las plantas acuáticas, al igual que los animales, pueden utilizarse también: el alga y la avena de mar ofrecen abundancia y prosperidad. Las brujas del agua pueden utilizar las aguas para cargar las piedras y las piedras para cargar las aguas, porque la transferencia de energía funciona bidireccionalmente. Puedes colocar un cuarzo rosa en agua de manantial y ponerlo bajo la luna creciente para cargar esa agua para rituales de amor propio o un cuarzo ahumado en agua de río o de mar para limpiarla de energías negativas.

PRIMEROS PASOS (PRINCIPIANTE)

La bruja del agua puede empezar por recoger distintas aguas y colocarlas en recipientes para distintos usos: aplicadores para ungir el cuerpo; frascos con cuentagotas para ungir objetos y velas; y frascos con pulverizador para adornar

el aire con la intención del agua. A estas aguas podemos añadir cristales y aceites para construir la intención (*véase* el capítulo 7).

Es posible que la bruja del agua principiante no se preocupe todavía de los diferentes tipos de aguas y sus correspondencias. Esos son matices de la magia en los que nos centramos a medida que avanzamos en el trabajo de nivel intermedio. Más bien, los principiantes se centran en la amplia correspondencia entre el agua y las emociones, y en cómo el agua hace que las emociones fluyan, del mismo modo en que lo hace el elemento.

Rocío estimulante de agua floral

Las aguas florales son una forma excelente de infusionar productos botánicos para crear aguas intencionadas y especiadas que pueden utilizarse para limpiar una zona o elevar las emociones. La mejor agua para las aguas florales es la de manantial o la destilada, para permitir que las propiedades de las flores prosperen. Prueba flores con una fragancia agradable, como la rosa, la peonía, la lavanda, el jazmín o la gardenia, para este rocío de agua floral. Si vas a recolectar flores, infórmate sobre los permisos de recolección en tu zona. Añade aceites esenciales, trocitos de cristal o sal para personalizar aún más y potenciar tu agua floral aromatizada.

Cuándo realizar este hechizo:
Lunes o viernes, a cualquier hora (medianoche es ideal)

Ingredientes/herramientas:
- 3 o 4 cabezas de flor o pétalos de flores frescas, de una fuente acreditada o de su jardín
- Tarro de cristal con tapa
- Agua de manantial o destilada
- Tamiz de malla fina
- Botella pulverizadora

1. Limpia los materiales, si es necesario.
2. Coloca las cabezas o los pétalos de las flores en el tarro de cristal y añade el agua. Cierra el tarro y deja que se infusione durante unas horas o hasta 24 horas.
3. Haz rodar el tarro entre tus manos y declara tu intención.
4. Escurre la mezcla y decántala en un pulverizador. El espray ya está listo para su uso.
5. Piensa en tu intención mientras rocías tu agua floral.

Brujería de agua intermedia

Las brujas del agua intermedias pueden trabajar más con la relación entre el agua y los demás elementos. Los elementos trabajan en armonía, así que cuando vamos más allá de los fundamentos de la magia de la naturaleza, empezamos a utilizar las relaciones entre los elementos como símbolos en nuestra magia. Por ejemplo, si queremos atemperar nuestras emociones con racionalidad y fomentar la objetividad, podemos combinar la magia del agua con la magia verde. Si necesitamos un poco de motivación y ver las cosas de otra manera, podemos emparejar el agua y el aire. Y si necesitamos un poco de chispa o pasión en nuestras relaciones, el fuego y el agua pueden ser la pareja a utilizar.

Las brujas del agua de nivel intermedio también pueden empezar a fortalecer sus relaciones con los elementales de agua y pedirles ayuda en sus hechizos. Todos los elementos tienen elementales y el elemento agua no es diferente: estos seres te ayudan a fortalecer tu intuición y a aprovechar tus emociones para aprender más sobre ti mismo.

La adivinación puede ser otra vía para la bruja del agua. En la adivinación, reunimos un plato de agua cargado con piedras de realce espiritual, como el cuarzo, la piedra lunar y la amatista, y lo colocamos bajo la luz de la luna llena, con una vela cerca para que la llama se refleje en el agua y un círculo de sal a su alrededor como protección. A continuación, se susurra un conjuro para pedir al lado espiritual que se manifieste y comparta mensajes a través de símbolos e imágenes. Tales actividades requieren una conexión espiritual afinada. Las brujas de nivel intermedio pueden meditar o entrar en trance con música de tambores y balanceando el cuerpo antes de realizar la adivinación para facilitar la visualización.

Las brujas intermedias también pueden adentrarse en el rico folclore marino de una determinada región o época e incorporar los amuletos y conjuros que leen en su magia. Esto puede incluir hechizos para atemperar las tormentas o provocar la lluvia, amuletos para mantener los barcos a salvo en el mar o proteger a las brujas que viajan por mar de los viajes peligrosos y los duendecillos malvados, o hechizos de nudos para animar a los vientos favorables y calmar los rayos.

La magia del tiempo también puede resultar atractiva para las brujas del agua de nivel intermedio, ya que va más allá del uso de los elementos y se aventura a ser capaz de controlar o influir en ellos. Este tipo de magia requiere una habilidad especial, ya que exige una relación con los elementales que gobiernan el clima.

Herramientas para la bruja del agua

Además de las herramientas de las páginas 64 y 65, también se pueden utilizar éstas.

HTAS	PROPIEDADES
Imágenes de animales	Todos los animales marinos tienen diferentes correspondencias. Añade tus imágenes a altares y sigilos para fomentar tus intenciones. Algunas brujas adornan sus espacios con huesos de animales.
Flotadores	Los flotadores de los pescadores son bolitas de vidrio que se fijan a las redes para protegerlas y guiarlas.
Piedras de bruja	Las piedras de bruja son piedras que tienen un agujero por el desgaste del material en la interacción repetida con el agua; el agua, con el tiempo, ha creado un cráter y ha suavizado los bordes. Estas poderosas piedras ofrecen protección y conexión espiritual.
Arena	Para la bruja del agua, la arena acompaña a la sal como herramienta protectora. Puede utilizarse para hechizos de estabilidad y conexión a tierra, así como para hechizos relacionados con desterrar o enterrar algo.
Vidrio marino	El vidrio marino viene en una variedad de colores que pueden añadir correspondencia a su magia, desde verdes y azules hasta ricos púrpuras, blancos y marrones. Los rojos y naranjas son menos comunes. Utilízalos en hechizos de crecimiento y transformación.
La Luna	La luna afecta a las mareas, por lo que su conexión con la magia del agua es innegable. Utiliza la luna y su reflejo en las aguas para añadir poder a esa agua o simplemente realiza tus hechizos durante una determinada fase lunar.
Las aguas	Las aguas pueden utilizarse como simples ofrendas, pero se emplean para cargar y limpiar piedras preciosas, ungir velas con las intenciones del tipo de agua específico y buscar mensajes espirituales.

Magia climática

El tipo de magia climática que hagas dependerá de tus intereses. Aquí nos centraremos en la magia climática para el agua, pero ten en cuenta que puedes pedir que los vientos muevan las semillas en el aire o provoquen cambios o que hagan avanzar a las nubes para que el calor del sol cubra las plantas. Uno de los efectos más comunes de la magia del agua es la lluvia: se puede fomentar la lluvia para la limpieza o fuertes cosechas, o detenerla para frenar tormentas para proteger los barcos o aliviar las preocupaciones de los niños temerosos de los rayos. Los usos son ilimitados. En el siguiente hechizo, combinamos los elementos agua y tierra utilizando agua con flores de brezo y una vid.

Hechizo de lluvia

Para fomentar lluvias suaves y purificadoras, podemos pedir ayuda a los elementales del agua, las ondinas que controlan las lluvias. Entonces podemos recoger cualquier lluvia para utilizarla luego en futuros hechizos de comienzos, cambios suaves, transiciones y esperanza, o realizar hechizos de limpieza en esa lluvia. Sé cuidadoso: no realices hechizos de clima sólo para demostrar tu poder o ver de lo que eres capaz. Los elementales y las entidades espirituales en general, no ven con buenos ojos que las brujas los utilicen para aumentar su ego. Comunícate y pide ayuda cuando la necesites y ten a mano una ofrenda y unas palabras de agradecimiento.

Cuándo realizar este hechizo:
Lunes, a cualquier hora (las 10 de la noche es ideal)

Ingredientes/herramientas:

- Una bolsita de muselina rellena de flores secas de brezo
- Un tallo seco de 30 cm de vid o de rosa
- 3 frondas largas de helecho*

1. Colócate cerca de un arroyo o de un pequeño curso de agua, como un riachuelo, con tus materiales cerca.
2. Coloca la bolsita de muselina en la mano no dominante para facilitar el hechizo.
3. Utilizando la parra o el tallo de la rosa, empieza a agitar el agua para redirigir su movimiento en el sentido de las agujas del reloj. Permita que esto se intensifique a la par que visualizas nubes de lluvia que se aventuran hacia el interior y también el comienzo de una llovizna. Mientras sigues «agitando» el agua, encántala susurrando: «Espíritus de agua que viven dentro, movemos las aguas y comienza la lluvia. A tu voluntad, las nubes se levantan y la tierra siente las gotas de lluvia en su piel». Repite esto para aumentar el poder.
4. Mientras continúas este movimiento con la mano dominante, espolvorea las flores de brezo de la bolsita dentro del círculo que estás dibujando en el agua con la vid o el tallo de rosa. Continúa tus visualizaciones y tu encantamiento hasta que sientas una sensación de tranquilidad y plenitud.
5. Coloca las frondas en el agua para sellar el hechizo y como ofrenda a los duendes del agua.

***Nota de seguridad:** *algunas especies de helechos pueden ser tóxicas.*

Itinerario enfocado 5

Bruja elemental

La brujería elemental se centra en el simbolismo y los papeles que los elementos desempeñan en nuestras vidas, así como en cómo podemos trabajar con ellos para realizar una intención. Como ya hemos dicho antes en este capítulo, cada elemento gobierna unas características determinadas. De este modo, podemos hacer dos cosas cuando queremos realizar magia elemental:

1. Podemos utilizar los elementos como símbolos en nuestra magia para representar nuestras intenciones. Podemos utilizar una vela y su llama para representar la pasión que llevamos dentro, por ejemplo, o un plato de sal para representar la estabilidad y el arraigo si eso es lo que queremos en nuestro hechizo.

1. Podemos pedir a los elementales, los seres espirituales que gobiernan los elementos, que nos ayuden en nuestra magia (*véase* la página 71). Se trata, al igual que la brujería verde, de un trabajo de nivel intermedio.

Algunas culturas y prácticas añaden la madera, el hielo y el metal como elementos adicionales que influyen en nosotros y en la energía que nos rodea. Las brujas elementales amplían su práctica más allá de la magia verde (asociada a la tierra) y la brujería del agua para incorporar estos elementos adicionales, y se centran en las relaciones entre ellos, así como en los roles que desempeñan en la naturaleza, como símbolos y metáforas dentro de sus hechizos. Por ejemplo, el hielo puede congelar un estanque, detener su movimiento, pero no matar a los animales que hay debajo. La bruja elemental puede utilizar este simbolismo para representar un poco de sanación y felicidad que persiste bajo una etapa de estancamiento en su vida.

La bruja elemental también puede prestar especial atención a la alquimia, una filosofía que se centra en la transformación y el cambio, sobre todo a nivel químico o de reacción, en lo que se refiere a los metales. Los alquimistas pretendían, entre otros objetivos, transformar los metales básicos (como el cobre)

S

en plata y convertirlos en oro. La alquimia se centra principalmente en aquellos cambios a nivel químico que conducen a grandes cambios globales; pequeños sucesos que dan lugar a alteraciones a gran escala.

La bruja elemental puede observar cómo los elementos provocan cambios entre sí, como el fuego que funde el hielo en agua o el agua que causa óxido en el metal, y podrá utilizar estas interacciones como símbolos de los elementos que contiene: por ejemplo, la emotividad del agua, la pasión del fuego, la motivación y el intelecto del aire y la racionalidad de la tierra. Si las brujas quieren templar sus pasiones, utilizarán los elementos del fuego y la tierra en los hechizos para ello.

El altar de la bruja elemental suele variar en función de sus elementos favoritos. Los metales pueden aparecer en muchas formas: las pirámides de oro, las varitas y campanas de hierro, las esferas y triángulos de cobre, así como las cadenas de plata para péndulos y talismanes son muy comunes, al igual que los colores oro, plata y cobre en obras de arte, velas y otros artículos.

Los altares también pueden incluir símbolos elementales o alquímicos que sean particularmente útiles o significativos para la bruja. Algunos de los más comunes son el de los cuatro triángulos, que representan los cuatro elementos principales, o el pentagrama, que representa los cuatro elementos y uno quinto: el espíritu. Sus colores correspondientes también aparecen a menudo mezclados o juntos, como símbolo de la constante simbiosis entre cada elemento. El rojo representa el fuego, el amarillo el aire, el verde la tierra y el azul el agua.

A algunas brujas elementales les gusta separar los elementos y tener secciones de su altar que honren a cada uno. Esto puede suceder en el altar mismo y en los estantes sobre el altar. Si honran a deidades que representan esos elementos, su imaginería también está en el altar.

PRIMEROS PASOS (PRINCIPIANTE)

Las brujas elementales pueden comenzar este camino conectándose con los elementos y sus relaciones entre sí para obtener un sentido del simbolismo. Al igual que para las brujas de la naturaleza, estar en la naturaleza es un comienzo. Las brujas elementales pueden llevar esto un poco más lejos recogiendo nieve o clavos para colocarlos en sus altares, o trozos de cobre y otros metales para colocarlos en pequeñas bolsitas y favorecer la intención del metal. Pueden haber dedicado espacios a cada elemento en los hogares para honrarlos, como hacemos con las deidades y pueden incorporar los símbolos de los elementos en los sigilos.

Si prefieren incorporar deidades a su práctica, pueden empezar a investigar deidades relacionadas con los elementos y añadir estatuas u otros símbolos relacionados con ellas en sus altares. Cuando se trata de hechizos, buscarán la forma en que los elementos trabajen juntos para simbolizar la intención que se desea manifestar.

Elementos y sus rasgos

Ya sabemos que los elementos tienen rasgos particulares, pero cada elemento reacciona con los demás para aumentar o disminuir sus rasgos. El fuego puede quemar la madera (tierra) para simbolizar el aumento de pasión en nuestras vidas cuando nos encontramos estancados o estamos siendo excesivamente pragmáticos. Del mismo modo, soplar tierra o semillas al viento simboliza la ligereza del aire e inspira a la tierra a aflojar sus ataduras a la racionalidad y la objetividad. Podemos añadir agua al fuego para atemperar o intensificar esas pasiones. Y podríamos hacer flotar una pluma (símbolo del aire) en un pequeño arroyo (agua) para fomentar sentimientos de renovación o renacimiento. Tú decides cómo quieres que interactúen los elementos. No hay una forma correcta, siempre que tengas claro qué quieres que manifieste tu hechizo. Después de todo, añadir tierra al fuego puede simbolizar tanto el alivio de los sentimientos agresivos como el deseo de ahogar nuestras pasiones en el pensamiento racional, intenciones con dos resultados muy diferentes.

Hechizo de nieve para la liberación emocional

Cuando trabajes con cualquier elemento, ten en cuenta cómo cambia en los diferentes escenarios. No hay mejor punto de partida que el hielo. El hielo es agua, el elemento de la emoción, por lo que el simbolismo del hielo son las emociones estancadas o inamovibles. Al trabajar con el hielo o la nieve y dejar que se derritan, podemos fomentar el flujo de las emociones para dejarlas ir o podemos usar su simbolismo para animarnos a ser más abiertos de mente con las emociones de los demás. En este hechizo, estamos trabajando con fuego y nieve para pedir a la valentía del fuego que nos ayude a trabajar a través de las emociones.

Cuándo realizar este hechizo:
Sábado, a cualquier hora (lo ideal es entre las 21:00 y las 23:00)

Ingredientes/herramientas:
- Tarro de cristal de 240 ml
- Hielo o nieve
- Vela cónica o de ritual, azul claro

1. Llena aproximadamente la mitad (ideal) del tarro de cristal con nieve.
2. Enciende la vela y colócala lentamente cerca de la nieve, dejando que la vela gotee en la nieve para calentarla y derretirla. Mueve la vela en sentido deosil (el sentido de las agujas del reloj). Mientras lo haces, afirma: «El estado del fuego conjura la fuerza para mover los estados de ánimo que la tristeza provoca».
3. Intenta derretir toda la nieve. Cuando termines, vierte la nieve sobre la tierra (aunque esté cubierta de nieve) y afirma: «El flujo comienza de nuevo; suelta el dolor estancado en su interior».
4. Recoge la cera que se haya caído del tarro y tírala. (A algunas brujas les gusta guardar los trozos de cera de los hechizos en un tarro aparte y desecharlos en una hoguera más grande o tirarlos).

Corrosión de metales

Una de las formas más comunes en las que las brujas elementales trabajan con los metales es a través de la oxidación del hierro. El hierro es un símbolo de protección, pero cuando se oxida (o cuando se utiliza simbólicamente para «clavar» o «mutilar» un objeto) puede simbolizar la corrosión o el final de algo. Las brujas elementales principiantes pueden incluir esto en su práctica simplemente utilizando clavos de hierro.

Hechizo con clavos para los malos hábitos

En este hechizo, los clavos de hierro se encantan para representar un hábito. A medida que los clavos se van oxidando, el hábito desaparece de la persona afectada.

Cuándo realizar este hechizo:

Sábado, a cualquier hora (lo ideal es entre las 21:00 y las 23:00)

Ingredientes/herramientas:

- 3 clavos de hierro
- Aceite esencial de pino (*véase* la página 64)
- Aceite portador de tu elección (*véase* la página 64)
- Cordel negro

1. Unta cada clavo con la mezcla de pino y el aceite portador, utilizando los dedos pulgar e índice. 1. Empieza por el centro y continúa hacia abajo y alrededor del clavo. A continuación, comienza por el centro y continúa hacia arriba.
2. Ata todos los clavos juntos, enrollando el cordel tres veces a su alrededor.
3. Asegura el cordel con un nudo y, a continuación, haz dos nudos más, es decir, un total de tres nudos. Mientras lo haces, imagina el hábito con el que deseas acabar y di: «El nudo de los comienzos hace mucho tiempo. El del medio es el puente y a través de él voy. El final es el tercero y con él también este hábito. Mientras se oxida en la tierra, la tierra puede ahora tenerlo».
4. Entierra los clavos y el cordel en la dirección sur de tu casa o en una maceta.

Adivinaciones

Los elementos son sabios y realmente antiguos, al igual que los elementales que los gobiernan. Podemos invocar a los elementos como lo haríamos con los espíritus, las deidades o los antepasados, y pedirles mensajes que nos ayuden a guiarnos en el futuro.

Adivinación de la nieve

La nieve nos ofrece un lienzo en blanco para detectar mensajes. En un proceso adivinatorio clásico, podemos «arrojar» algo sobre la nieve e interpretar los símbolos, letras o números que queramos para obtener información. Recuerda que estos símbolos están culturalmente ligados a ti y son personales, por lo que los símbolos que detectes pueden estar relacionados con tu sistema de creencias, como animales que representan deidades importantes para ti o para una persona o animal que conozcas. Da siempre las gracias después de cualquier método adivinatorio en el que se invoque a espíritus o energías.

Cuándo realizar este hechizo:

Lunes, a cualquier hora (las 15:00, 21:00 o 22:00 son ideales)

Ingredientes/herramientas:

- Nieve
- Un molde de 23 x 23 cm o una superficie de 1 x 1 m cubierta de nieve
- Un plato lleno de agua

1. Mientras colocas la nieve en el recipiente (o cuando encuentres un terreno cubierto de nieve), llama a los elementos y pide su presencia diciendo: «Tan antiguos como las montañas que claman al espíritu. Tan primigenios como las aguas que mueven la tierra cercana. Tan vivos como las llamas que parpadean al ser. Tan volubles como las plumas que el aire atrapa huyendo. Invoco a los espíritus incrustados en mi interior, con la esperanza de que estos elementos me envíen algo de luz».
2. Sumerge la mano en el plato de agua y salpica el agua hacia fuera cinco veces con movimientos aleatorios e intuitivos. De este modo se formarán surcos en la nieve.
3. Busca algún símbolo para interpretarlo.

Brujas elementales intermedias

La brujería elemental intermedia toma los conceptos anteriores, pero añade más procesos y tiene en cuenta, para incorporarlos a su magia, las relaciones o cambios adicionales que sufren los elementos. Esto requiere un mayor conocimiento de los elementos y de cómo interactúan entre sí para provocar cambios a nivel químico o microscópico. Este nivel de magia elemental también tiene en cuenta los cambios eventuales causados por las interacciones elementales, como la forma en que el agua corroe la tierra con el tiempo, así como el uso de los matices de las interacciones elementales como metáforas. Si lo que quieres es dejarte guiar por tu intuición y acallar parte de tu practicidad racional inspirada en la tierra, puedes combinar los elementos de tierra y agua. Sin embargo, el agua puede alterar lenta y suavemente la piedra de formas irrevocables, como cuando se crean piedras de bruja en arroyos revueltos. O el agua puede precipitarse a través de un paisaje y provocar intensos corrimientos de tierra. Éstos son los matices de los elementos y son tan importantes como las correspondencias elementales generales.

Reacciones químicas

El hierro se oxida y ésta es una reacción química válida, pero otros metales bruñidos comunes también sufren este proceso. El cobre, que corresponde a la curación, experimenta uno de los cambios más notables a través de reacciones químicas con el aire a lo largo del tiempo. De hecho, eso es lo que produce la hermosa pátina verde en los objetos de cobre. Podemos acelerar este proceso añadiendo vinagre y sal y esperar cambios más inmediatos. El color azul que surge es un poco de correspondencia cromática, que contiene una energía curativa en sí misma.

Hechizo curativo de cobre

Utiliza este hechizo cuando quieras traer a tu vida sanación, nuevos comienzos y limpieza emocional.

Cuándo realizar este hechizo:
Jueves, a cualquier hora (lo ideal para la curación es a las 22:00)

Ingredientes/herramientas:

- Virutas de cobre (del tamaño de la punta de un bolígrafo)
- Tarro de cristal transparente
- ½ taza (100 g) de sal
- ½ taza (125 ml) de vinagre
- Cuchara de cobre
- Trozo de tela azul claro, gris o blanco
- Tarro de cristal azul con tapa

1. Añade las virutas de cobre al tarro de cristal transparente y, a continuación, la sal. Por último, añade el vinagre y remueve en sentido deosil (el sentido de las agujas del reloj) nueve veces con una cuchara de cobre.
2. Deja reposar las virutas durante aproximadamente una hora y, a continuación, retíralas y colócalas sobre el paño. Déjalas reposar hasta que empiecen a suceder los cambios químicos.
3. Una vez observados los cambios, recoge las virutas y añádelas al tarro de cristal azul, cierra bien la tapa y guárdalo. Siempre que sea necesario, espolvorea las virutas de cobre en el umbral de la casa o guarda el tarro cerca de la puerta de la habitación. Antes de colocarlas o espolvorearlas di: «El alquimista sabe que el cambio triunfará; pido algo de curación para conjurar en mi interior».

El efecto dominó

Los elementos trabajan juntos constantemente, yendo y viniendo unos dentro de otros, unos alrededor de otros, chocando para crear novedades y provocar cambios. A veces una reacción puede ser lineal y así un elemento provocar una reacción en otro, que a su vez provoca un cambio en otro. Las brujas pueden aprovechar este efecto dominó para provocar cambios más complejos. En lugar de controlar sólo un elemento y sus rasgos, las brujas elementales pueden controlar todos los elementos y manipular el orden en que se influyen mutuamente para fomentar el cambio.

Hechizo con elementales para grandes cambios

Los cambios grandes o inevitables son a menudo el resultado de múltiples elementos que se combinan. En este hechizo, todos los elementos se incorporan para ayudar a gestionar los cambios, los hayas iniciado o no. La vela es la chispa inicial de la acción y el cambio.

Cuándo realizar este hechizo:
Miércoles, a cualquier hora (lo ideal son las 14:00 o las 18:00)

Ingredientes/herramientas:
- Una vela de ritual marrón
- Una pluma
- Un plato poco hondo con agua, lleno hasta el borde
- Un plato con tierra, lleno hasta el borde
- Un portavelas
- Un puñado de semillas de tomillo

1. Coloca los objetos en el siguiente orden: vela de ritual, pluma, plato de agua, plato de tierra. Los platos deben tocarse. Enciende la vela y colócala en el portavelas.
2. Con movimientos suaves y lentos, mueve la llama y el humo con la pluma hacia arriba y en dirección al plato con agua. Di: «Llegan los vientos y con ellos el cambio, pero los elementos se guardan para tapiar el dolor. El hijo del aire trae la voluntad de cambiar, y yo me levanto para empezar de nuevo. El fuego sopla para encender la pasión. Para conjurar mi fuerza y forjar el bastión. Pero los tiempos altos del agua ablandarán la fuerza y entonces llegará la compasión como una canción silenciosa y suave. Y cuando echo raíces en el suelo de la Madre Tierra, veo todas las cosas con claridad en medio de todo este esfuerzo».
3. Acerca la pluma al agua. Cuando la pluma toque el agua, empezará a arrojar agua a la tierra. No dudes en «recoger» agua con la pluma para arrojarla a la tierra. Continúa hasta que la parte superior de la tierra esté bastante húmeda.
4. Planta las semillas de tomillo en el centro del plato de tierra. Colócalo en un lugar con luz indirecta y mantén la tierra húmeda para que empiece a crecer. A medida que la planta crezca, también lo hará la intención.

Herramientas para la bruja elemental

Además de las herramientas de las páginas 64 y 65, también se pueden utilizar éstas.

HTAS.	PROPIEDADES
Pirámides y esferas metálicas	Las pirámides y esferas de metal pueden ser huecas y no huecas. Son herramientas pesadas colocadas sobre rejillas de cristal, en círculos, o en altares que se utilizan para contener (esferas) y canalizar (pirámides) la energía al realizar un hechizo. Están hechas de metal o de otro material chapado en metal.
Varillas de radiestesia	Las varillas de radiestesia son varillas metálicas que se utilizan por parejas para realizar la comunicación con los espíritus. Cuando las sujeta la bruja, se cruzarán o bien permanecerán quitas y paralelas, indicando una respuesta de "sí/no" de lo divino.
Vidrio	El cristal es una combinación de arena y fuego, una combinación de los elementos fuego y tierra. Es perfecto en hechizos para enraizar la pasión desenfrenada y las transformaciones.
Varitas de hierro forjado	Se fabrican martilleando repetidamente el hierro calentado por el fuego. Mantienen y dirigen la energía del elemento fuego al tiempo que ofrecen protección.
Pentagrama	Los pentagramas simbolizan la conexión entre los elementos y el reino espiritual. Los manteles de altar, las placas metálicas e incluso los pentagramas dibujados aportan energía a tu altar.
Hielo y nieve	El hielo y la nieve representan el flujo emocional estancado o detenido. Podemos recoger en tarros de cristal para una combinación óptima de elementos (fuego, agua, tierra).
Barro	El barro combina los elementos tierra y agua para ayudar a enraizar nuestras emociones en la racionalidad o para animarnos a dejarnos guiar por nuestra intuición, en lugar de por el pragmatismo. A menudo recogemos barro en platos y dibujamos en ellos sigilos o símbolos.
Cenizas	Las cenizas combinan los elementos tierra, fuego y aire y pueden utilizarse para dibujar sigilos cuando se muelen con mortero.

CAPÍTULO 5

BRUJAS DEL HOGAR

Las brujas del hogar se sienten atraídas por la creación de espacios sagrados y por las herramientas e ingredientes que a menudo se encuentran en la casa y sus alrededores. Este tipo de brujas a menudo incorporan elementos de la magia tradicional, de cocina y de cabaña. Independientemente de lo que incorporen, el hogar –la seguridad, la prosperidad, la felicidad y la salud– es el centro de su magia.

EL HOGAR Y LA CASA

En general, se considera que el hogar es la parte de la casa donde se enciende el fuego y donde se llevaban a cabo tradiciones domésticas y actividades cotidianas. Tradicionalmente, el hogar estaba en el centro de la casa pero, hoy en día, podríamos asemejarlo a nuestra chimenea (palabra clave: podríamos). En la mayoría de los fuegos encendidos, encontrarás piedras alrededor, y esto constituirá el hogar. Es a este lugar al que nos referiremos aquí más, pero no es el único espacio que estas brujas utilizan para realizar su magia: pueden hacer uso de cualquier parte de la casa, cualquier terreno o jardín que la rodee.

Las brujas del hogar suelen ser hogareñas y aprecian la historia de su hogar y de la tierra, por lo que a menudo incorporan a su trabajo elementos de su entorno inmediato, como la flora y la fauna locales. Las brujas de hogar pueden ser bastante solitarias, pero también disfrutarán de los beneficios de una comunidad unida y de una familia fuerte y parientes cercanos. En este sentido, la bruja del hogar puede considerarse una bruja popular, ya que su magia se centra en gran medida en la comunidad y su longevidad.

Las brujas de hogar también pueden utilizar el folclore local de su región en su magia. Si su casa se encuentra en una ciudad portuaria, la bruja del hogar puede emplear magia para proteger a los pescadores de la comunidad de vientos huracanados y tormentas. La bruja del hogar puede visitar zonas locales cargadas de espiritualidad, como pozos sagrados o edificios encantados, para pedir la bendición de entidades regionales. Puede cargar piedras en los cruces de caminos de las afueras de la ciudad. Para la bruja del hogar, la comunidad y lo local tienen un papel fundamental en su práctica. Las brujas del hogar también siguen el curso de las estaciones, al igual que las brujas de la naturaleza. Cosechan y plantan según las costumbres de la zona y siguen las fases de la luna y la cronología del sol para orientarse en sus tareas. Pueden preferir la siembra de semillas de plantas autóctonas de la región y saben cuándo se esperan mareas altas y bajas.

El jardín es el espacio donde cultivan sus herramientas culinarias y mágicas. Encuentran en el jardín su sustento, tanto alimenticio como emocional. Su magia siempre vuelve al hogar, pero nace tanto del jardín como de la casa.

Para las brujas de hogar, cada zona de la casa tiene una doble función: las cocinas son lugares donde se cuecen a fuego lento las intenciones y las cenas de la familia. Los umbrales, como las puertas de entrada y las ventanas de la cocina, son lugares en los que se puede colocar magia protectora, como botellas y sigilos de protección de brujas. Las escobas barren el suelo, expulsando las malas energías y limpiando el espacio espiritualmente. Cada uno de estos espacios es importante para la funcionalidad general de la casa, tanto en un sentido físico como espiritual. Cada habitación alberga la esencia de la persona o personas que la frecuentan, por lo que cada una es un espacio en el que se puede hacer magia para fomentar la salud y la felicidad de la familia.

La magia que surge de la brujería del hogar suele centrarse en las cualidades que hacen que un hogar sea feliz: seguridad, prosperidad, felicidad, salud, paz, amabilidad, limpieza, fertilidad, sensualidad, amor y protección. Por supuesto, la bruja del hogar puede aventurarse fuera de estas intenciones pero, para las brujas del hogar, éstas tienen prioridad.

Breve historia de la magia en el hogar

Debido a la naturaleza de la brujería, no podemos saber con certeza cuándo comenzó la magia en el hogar, pero sí podemos estar seguros de que el concepto de «sabia» (*cunning woman*) puede rastrearse mediante artefactos funerarios hasta bien entrado el siglo VI. Las mujeres y hombres sabios eran quienes proporcionaban a la comunidad curación y apoyo mágico, como encontrar ganado perdido e identificar ladrones. ¿Necesitas magia de protección? Los sabios de tu comunidad podrán ayudarte. ¿Una cataplasma efectiva? Busca a la sabia del pueblo. Estos sabios plagaron el Viejo Mundo hasta bien entrado el siglo XIX y más allá. Así que siempre ha habido magia en el hogar. Tenemos muchas pruebas –y no sólo en las tumbas– que apuntan a la existencia de magia en el hogar. Tanto en el Viejo como en el Nuevo Mundo, los artefactos proporcionan pruebas de algún tipo de ritual en el hogar, como la protección y la prosperidad de todos los miembros de la casa. Las investigaciones nos señalan botellas, zapatos, ropas desgastadas y muñecos enterrados en la chimenea, el desván y alrededor de las chimeneas. Estos objetos estaban siempre muy desgastados, y a veces se encontraban donde no tendrían una razón de ser lógica, como en pozos o en zonas no utilizadas por los constructores. También había pequeños arañazos de símbolos en la carpintería de graneros y casas. Todos estos elementos proliferaron en los hogares europeos y, más tarde, en los de la América colonial, lo que indica que los inmigrantes trajeron consigo estas prácticas a sus nuevos hogares. Sin embargo, los artefactos no revelan cuánta magia se hacía a puerta cerrada, ya que muchas de las pruebas desaparecieron con el tiempo.

Vemos posibles pruebas de estos hallazgos en los relatos de juicios de brujas. Ya sólo en Salem, Massachusetts, Bridget Bishop sería acusada de esconder muñecos mágicos en sus paredes y Mary Sibley sería la instigadora detrás de la magia de protección imbuida en el pastel de bruja, hecho y dado de comer al perro para identificar a la bruja responsable de la dolencia de las niñas «embrujadas», que todo lo había empezado.

El hogar y la casa eran dominios femeninos, custodiados por las mujeres que realizaban las tareas domésticas. Las mujeres, jóvenes y mayores, hacían de todo en este ámbito, desde cocinar en el hogar y limpiar la ropa hasta conservar la cosecha y ayudar a los moribundos, a menudo parientes de otros. No podemos ignorar que, cuando algo salía mal en estos ámbitos, a veces se consideraba magia y, a la mujer, una bruja: curaciones con hierbas que no salían bien, nacimientos con final triste o casas incendiadas en mitad de la noche. Y es en esos momentos, cuando todo se va al garete, cuando podemos imaginar a la condición humana lanzando algún tipo de súplica al universo en busca de alivio. Así pues, el espectro de la magia que conocemos es, quizá, limitado, pero no por ello debemos ponerlo en duda: existía magia en el hogar y también quienes la empleaban.

ASPECTOS ÚNICOS DE LAS BRUJAS DEL HOGAR

Las brujas del hogar son las transmisoras de las prácticas familiares. Mientras que unas brujas se trasladan cerca del mar o al bosque para realizar su magia de la naturaleza y otras se ponen una túnica y practican ritos de iniciación en un espacio comunitario, la bruja del hogar realiza su magia en la comodidad de su hogar. Su magia se inspira en el folclore de la región, los consejos y las recetas que les han transmitido sus antepasados.

Herramientas para la bruja del hogar

HTAS.	DESCRIPCIÓN	PROPIEDADES
Cenizas	Las cenizas proceden de la chimenea y las pulverizamos con un mortero y una maja.	Las cenizas son protectoras y pueden utilizarse en lugar de la sal. Son una combinación de los elementos fuego y tierra, simbolizan la capacidad de la tierra para calmar pensamientos atormentados y pasiones desenfrenadas.
Mantas	Las mantas, a menudo de lana, son fuentes de confort fácilmente disponibles en el hogar.	Las mantas pueden encantarse para fomentar determinadas intenciones para un miembro concreto de la familia, como la felicidad de los niños.
Leña	La leña más común es la de roble, un árbol sagrado, pero también se puede utilizar la de arce.	Quemar estas maderas es un hechizo en sí mismo, que envía las intenciones al éter para que se manifiesten. El roble simboliza la fuerza y el valor; el arce, la prosperidad.
Flores y hierbas	Las flores y las hierbas son las correspondencias a las que recurre la bruja del hogar para añadir a los hechizos. Podemos aderezar velas con ellas, quemarlas, espolvorearlas o cocinar con ellas.	Todas las flores tienen diferentes correspondencias; una lista de intenciones es ideal para que la bruja del hogar la tenga a mano (*véanse* las páginas 116 y 117).
Herram. de jardinería	Las herramientas de jardinería pueden incluir azadas, palas, paletas y tijeras. Pueden ser del tamaño de una mano, las hace perfectas para trabajar más íntimamente con las plantas.	Al igual que la escoba y el caldero, las herramientas de jardinería de una bruja pueden servir como varitas para dirigir la energía o como herramientas de «enterramiento» en hechizos de destierro.

Herramientas para la bruja del hogar ***(continuación)***

HTAS.	DESCRIPCIÓN	PROPIEDADES
Repisas y estantes	La repisa es la superficie sobre el fuego que se utiliza a menudo para guardar recuerdos. Podemos utilizar siempre estantes de madera, tanto si hay una chimenea debajo como si no.	Las repisas y los estantes ofrecen un altar alternativo; en ellos podemos crear un espacio que promueva las intenciones de las brujas del hogar, como la abundancia. Podemos utilizar cada estante para una intención distinta, o como lugares de recuerdo para los antepasados.
Tarros de vidrio	Los tarros de vidrio vienen en diferentes tamaños y su naturaleza transparente nos permite identificar fácilmente el material vegetal u otros objetos guardados en su interior.	El vidrio en sí es una herramienta de brujería; su coloración (ámbar, transparente, azul) puede añadir correspondencia; el vidrio habla del elemento tierra, de estabilidad y arraigo, ya que está hecho en parte de arena y piedra caliza.
Cerámica	La cerámica, idealmente hecha a mano, suele encontrarse en la cocina y el jardín de la bruja del hogar.	La cerámica forma parte del elemento tierra, por lo que aporta estabilidad al hogar y, cuando se utiliza, fomenta esa intención en nuestras vidas.
Cucharas	Una buena cuchara de madera puede funcionar como varita mágica de bruja de cocina, dirigiendo la energía de la bruja hacia los alimentos. Cualquier tamaño sirve, normalmente se designa una cuchara como la «cuchara bruja».	Las cucharas de madera te permiten añadir la intención de un árbol a tus recetas, como el abedul para la pureza o el arce para la abundancia. Podemos también tienen símbolos, como sigilos protectores o fases lunares, inscritos en la madera.
Cubo de madera para pozo	Los cubos son estupendos para recoger grandes cosechas de hierbas, flores y mástil (*véase* la página 117).	El cubo del pozo puede utilizarse como cuenco de adivinación si se coloca agua en él y se realiza un hechizo de adivinación.
Hilos, cuerdas y otros productos textiles	Estos trozos de tela suelen proceder de mantas y ropa rotas, artesanía familiar y decoración.	Estos tejidos ofrecen magia simpática para cualquier objeto utilizado en magia (en los muñecos, por ejemplo) que represente a personas en el hogar.

Itinerario enfocado 6

Bruja de cocina

Una bruja de cocina es una bruja de hogar que encuentra su magia en cocinar intenciones. Las recetas suelen incluir pequeños cánticos o actos de magia, como agitar la cuchara en el sentido de las agujas del reloj o en sentido contrario para infundir intención a las recetas. Y cuando mordisqueamos el alimento cocinado, estamos, literalmente, metiendo esa intención en nosotros mismos.

Las brujas de cocina no se limitan a cocinar; de hecho, algunas brujas de cocina no disfrutan cocinando elaboradas comidas de brujas. Algunas prefieren la sencillez y la eficacia que aporta la brujería de cocina. Al fin y al cabo, todos tenemos que comer, así que una bruja ocupada y eficiente puede ver en una comida sencilla una forma de comer y hacer magia al mismo tiempo. Este tipo de brujas de cocina disfrutan preparando tés y cafés, convirtiendo sus tostadas en platos de abundancia en las que cualquier verdura, fruta o sustancia azucarada puede añadir intención. Tanto si tu brujería de cocina es elaborada como si no, podemos iniciar el camino con recetas sencillas.

PRIMEROS PASOS (PRINCIPIANTE)

Las brujas de cocina principiantes son de distintos tipos: las aficionadas a la cocina y a las recetas que quieren combinar su destreza culinaria con su magia o las que quieren explorar una forma diferente de infundir magia a su vida. Es probable que ambos tipos empiecen por comprender las correspondencias de los alimentos (*véase* páginas 108 y 109) y empiecen por ingredientes que pueden incorporarse a multitud de recetas, como la harina, el azúcar, la avena y otros. También pueden empezar centrándose en lo básico, como bebidas rápidas, siropes y ensaladas, que no requieren mucho tiempo de práctica y así pueden adquirir confianza para maridar con éxito los alimentos y sus intenciones. De hecho, las brujas de cocina tienen que pensar tanto en el sabor de los alimentos como en la combinación de las intenciones. Al fin y al cabo, los tomates y los higos pueden favorecer la fertilidad, pero puede que no sepan bien juntos. La bruja de la cocina desarrolla la habilidad de emparejar tanto por el sabor como por la intención.

La bruja de cocina principiante también puede prestar atención a añadidos más bien benignos a su magia, como agitar sus cucharas en una dirección

determinada, soplar sobre sus alimentos o añadir pequeños símbolos en sus recetas. Agitaremos los alimentos con la intención de añadir algo a nuestras vidas, como amor o dinero, en el sentido de las agujas del reloj. Los agitaremos en sentido contrario a las agujas del reloj para eliminar algo de nuestras vidas, como desterrar hábitos, dejar ir sentimientos negativos o limpiar. Las brujas pueden aumentar sus intenciones soplando sobre su comida mientras visualizan la intención que tienen entre manos, como sentirse seguras o amadas. También pueden añadir intenciones sutiles «dibujando» una fase lunar con los ingredientes antes de mezclarlos. Estas pequeñas incorporaciones son rápidas, pero cada una añade un poco de energía a la brujería de la cocina.

TÉS ENCANTADOS, SOPAS Y MEZCLAS

Las bebidas sencillas, como el té, son un buen punto de partida, ya que nos permiten personalizar la receta rápidamente y no perdemos mucho si los sabores no saben bien. Pero lo que hace especial al té es que es una bebida ancestral que nos permite conectar con la tradición, lo que puede atraer especialmente a la bruja del hogar. El té, o *camellia sinensis*, se considera una planta sagrada relacionada con Buda y los monjes. Se decía que se utilizaba en la práctica meditativa para mantener despierto al practicante. Ese componente espiritual hace que el té sea perfecto para la bruja de cocina, especialmente para la que está muy ocupada y le gustaría dedicar tiempo a su espiritualidad pero no tiene mucho tiempo para hacerlo. Al té podemos añadirle la correspondencia que queramos. La lavanda, el lúpulo y la melisa son adiciones perfectas para los tés calmantes, y los tés de madreselva son perfectos para la protección. Y, desde luego, no faltan los tónicos y elixires que podemos añadir a los tés para amplificar su poder. Los tés no son la única opción; las sopas ofrecen la misma versatilidad y facilidad. Podemos combinar casi cualquier cosa que nos apetezca en la olla y dejar que se mezcle, fusionando así tus intenciones para crear algo realmente específico para tus necesidades mágicas.

Té de la abundancia

Infunde tu día con motivación, abundancia y prosperidad preparando una mezcla de té cítrico especiado. Mientras que cualquier té chai puede ofrecerte algo de abundancia, añadir cítricos ofrece una sacudida de motivación para alcanzar esa abundancia.

Cuándo realizar este hechizo:
Cualquier día, preferiblemente por la mañana

Ingredientes/herramientas:

- 1 vaso (240 ml) de agua caliente
- Una taza
- Una cuchara
- 1 cucharada de té negro suelto, como el de Ceilán
- 2 clavos enteros
- 1 cucharadita de piel de naranja rallada ¼ cucharadita de canela molida
- Filtro de té o colador

1. Vierte el agua en una taza y remuévela en sentido deosil (el sentido de las agujas del reloj) 3 veces.
2. Coloca el té, los clavos, la piel de naranja y la canela en un soporte para té suelto, como un filtro de té. Introduce la bola en el agua e inhala lentamente, dejando que el olor de los cítricos y las especias se apodere de tus sentidos. Acerca la cara al vapor, dejando que te envuelva.
3. Deja reposar el té de 5 a 10 minutos.
4. Remueve el té 3 veces de nuevo, en sentido deosil (el sentido de las agujas del reloj), girando la bola de té en el agua. Retira la bola de té.
5. Sujeta la taza con ambas manos y susurra al agua: «El vapor se encuentra con la lengua y así es; abundancia para mí, para el hogar, para mis familiares».
6. Disfrútalo sorbiendo el té lentamente.

Brujería de cocina intermedia

Las brujas intermedias pueden querer ir más allá de la creación de tés y otros líquidos y aventurarse en la elaboración de tónicos y hierbas medicinales. La elaboración de hierbas medicinales sólo debe llevarse a cabo después de un estudio serio de las cualidades de las distintas hierbas y de cómo interactúan con el cuerpo, así como de la comprensión de cómo pueden interactuar con los medicamentos.* Como se puede imaginar, se trata de una tarea seria. Hay muchos cursos ofrecidos por herbolarios que te ayudan y guían por este camino de nivel intermedio. Sin embargo, puedes pasar a la brujería de cocina intermedia sin ejercer de curandero de hierbas. Puedes incorporar a tus productos tinturas y tónicos preparados por herbolarios cualificados y eso no tiene nada de malo. También puedes empezar a preparar brebajes a base de hierbas.

***Nota de seguridad:** *consulta a tu médico antes de utilizar cualquier hierba.*

Vinagres y aceites a base de plantas

La elaboración de vinagres y aceites a base de hierbas va un paso más allá de los tés, ya que se dejan en infusión durante períodos de tiempo más largos, lo que les permite fortalecerse y desarrollar su intención. Los vigilamos y los removemos a diario, añadiendo nuestras vibraciones al brebaje cada vez que lo hacemos. En este proceso, dedicamos más tiempo a nuestra magia, conocemos mejor los sabores y las combinaciones de hierbas y flores. Esta «intimidad» entre la bruja y las correspondencias es un enfoque intermedio, ya que los principiantes pueden centrarse menos en la asociación entre la bruja y el arte y más en el resultado. Los vinagres de hierbas van desde vinagres dulces y ácidos para ensaladas hasta aceites de hierbas sustanciosos para platos de patatas. E incluso se pueden remojar hierbas en alcohol para incluirlas en tés, agua con gas y bebidas alcohólicas.

Aceite limpiador de hierbas

Utiliza este aceite en ensaladas, patatas, verduras asadas y mucho más para añadir la intención de limpieza y pureza a tu magia. Si quieres que sea un poco más sabroso, sustituye el aceite por vinagre. De este modo, te aseguras de que cualquier intención que quieras manifestar se haga honestamente y de buena fe.

Cuándo realizar este hechizo:
Cualquier día, pero preferiblemente el sábado, a cualquier hora (lo ideal es a las 13:00 o a las 20:00)

Ingredientes/herramientas:

- ¼ taza (12 g) de hojas secas de tomillo limonero
- 1 cucharada de hojas secas de albahaca
- Una pizca de mejorana seca
- Un tarro de vidrio de 475 ml con tapa y precinto
- 1 vaso (240 ml) de aceite de oliva o 224 g de aceite de coco
- Una cuchara de madera

1. Añade cada hierba individualmente al tarro, teniendo en cuenta lo que cada una aportará a tu hogar: tomillo de limón para la limpieza; albahaca para la curación; y mejorana para la felicidad.
2. A medida que añadas cada una de ellas, declara tus intenciones en voz alta y visualiza cómo se sentirá el hogar con estas intenciones manifestadas. Por ejemplo, puedes imaginarte a tus hijos riendo cuando añadas la mejorana.
3. Vierte el aceite para cubrir las hierbas y remuévelo en sentido deosil (el sentido de las agujas del reloj) con la cuchara de madera.
4. Cierra el precinto y la tapa y agita bien el aceite. Mientras lo haces, di: «Cubre la cosecha con la magia del jardín; al comerla, al tomarla».
5. Coloca el tarro en un lugar fresco, oscuro y seco y agítalo todos los días durante 3 o 4 semanas. A continuación, cuela el aceite con un colador de malla fina. Guárdalo en un lugar fresco, oscuro y seco.

Matices de la bruja de cocina

La bruja intermedia también puede trabajar con el calor y el frío como símbolos en su magia, congelando o escaldando verduras para detener chismorreos o terminar un hechizo; calentando correspondencias amorosas para añadir sensualidad y velocidad al hechizo. Todos estos son elementos adicionales de simbolismo en los que la bruja principiante, tal vez, no piensa, pero que pueden utilizar en rituales para fortalecerlos. Técnicamente, se puede considerar brujería de cocina atar la lengua de una vaca y meterla en el congelador para congelar los labios de un chismoso, ¿no es así? Aunque no vayas a hacerte con partes de vaca a corto plazo, cualquiera de estas pequeñas incorporaciones mejora tu repertorio de brujería de cocina.

Hechizo de amor con remolacha

La remolacha corresponde al amor y podemos utilizar el calor en la brujería de la cocina para reforzar el apego y la pasión que acompañan al amor. Su condición de hortaliza de raíz refuerza su correspondencia con el amor, ya que sólo a través de raíces robustas se mantienen fuertes los vínculos.

Cuándo realizar este hechizo:
Viernes, a cualquier hora (lo ideal son las 15:00 o las 22:00)

Ingredientes/herramientas:
- Bandeja de horno con borde alto
- Papel de aluminio
- 3 remolachas peladas
- 1 cucharada de aceite de coco derretido
- ¼ taza (80 g) de cebolla dulce picada
- ¼ cucharadita de pimienta blanca molida
- ¼ cucharadita de cilantro molido

1. Precalienta el horno a 200 °C (400 °F). Forra una bandeja de horno con papel de aluminio.
2. Corta 3 hojas de papel de aluminio de 20 cm de ancho y coloca 1 remolacha en cada hoja. Enrolla los bordes del papel de aluminio para que la remolacha quede en un «nido».
3. En un bol pequeño, mezcla el aceite, la cebolla, el pimiento y el cilantro. Rocía un poco de la mezcla sobre cada remolacha, imaginando que las raíces se hunden en la tierra, y di: «Así como es en la Madre Tierra, así será dentro de este hogar». Envuelve cada remolacha en su hoja de papel de aluminio y colócalas en la bandeja de horno preparada.
4. Hornéalos durante una hora aproximadamente, controlándolos frecuentemente, o hasta que estén blandos.

CORRESPONDENCIAS ALIMENTARIAS

Todos los alimentos tienen intenciones individuales y muchos autores han elaborado libros dedicados a compartir cada correspondencia. Para comenzar nuestro viaje de brujería en la cocina, empieza por entender lo que ofrecen los «grupos» de alimentos, en un sentido amplio. Luego, si decides ser más específico, busca listas más detalladas. A continuación, se ofrece una lista de correspondencias generales de inclusiones habituales en la brujería de cocina.

Correspondencias de los alimentos

HTAS.	DESCRIPCIÓN	PROPIEDADES
Cítricos	Los cítricos incluyen clementinas, pomelos, kumquats, limones, limas y mandarinas.	Estas frutas corresponden a la purificación, la limpieza y el amor.
Harina	La harina, al igual que el pan, se considera sagrada y la usamos para espesar sopas y productos de repostería.	Utiliza la harina para crear círculos protectores en la cocina, así como para aumentar la espiritualidad mordisqueando golosinas a base de harina.
Verduras de hoja	Nos referimos a las verduras de hoja verde, que van desde la col, la lechuga y el brócoli hasta las espinacas, la col rizada y el apio.	Utiliza estos vegetales verdes en hechizos de protección, paz y prosperidad.
Especias «intensas»	Podemos agrupar las especias en función de su sabor. Están las picantes o intensas, como la pimienta negra, el chile en polvo, la canela, el clavo, el cilantro, el jengibre y el macis.	Estas especias corresponden al dinero, el éxito y la protección.
Solanáceas	Las solanáceas son los tomates, las patatas, los pimientos y las berenjenas. Son de la misma familia que la codiciada y tóxica planta de la bruja belladona*. ***Nota de seguridad**: *en este libro no recomendamos ni abogamos por el uso de ninguna planta tóxica.*	Las sombras nocturnas nos conectan con la magia más oscura o de las sombras, en la que reflexionamos sobre nosotros mismos y, tal vez, pedimos a dioses y diosas que nos ayuden en un doloroso viaje de curación.

Correspondencias de los alimentos ***(continuación)***

HTAS.	DESCRIPCIÓN	PROPIEDADES
Frutos secos	Se encuentran las almendras, los anacardos, los cocos, las avellanas, los cacahuetes, las pacanas y las nueces, entre otros.	Los frutos secos, en general, corresponden al dinero.
Avena, lúpulo y cereales	La avena, el lúpulo y los cereales pueden incorporarse a la dieta a través de la cerveza (otra comida sagrada), panes, cereales, avena y mucho más.	Aunque tienen sus correspondencias individuales, todos estos alimentos, ofrecen prosperidad, abundancia y fertilidad.
Hortalizas de raíz	Las hortalizas de raíz van desde la remolacha y la zanahoria hasta la chirivía, la cebolla y la patata.	Las hortalizas de raíz nos conectan con la abundancia de la tierra y con los antepasados, ya que son «raíces» metafóricas en el suelo resistente en la que todos vivimos.
Sal	La sal, junto con la pimienta, es un ingrediente común en los platos salados y la bruja de cocina puede simplemente hacer uso de ella como un ingrediente más y no como un dispositivo de protección en magia que no sea de cocina.	La sal siempre ofrece protección, pero puede corresponder a la prosperidad y al elemento tierra, lo que significa que funciona para hechizos en los que se necesita racionalidad y razonamiento objetivo.
Frutas de hueso	Estas frutas incluyen albaricoques, melocotones, ciruelas y nectarinas.	Las frutas de hueso se relacionan con el amor y la fertilidad. Además de comer la fruta, guarda y seca el hueso para utilizarlo en tu magia.
Azúcar, jarabes y miel	El azúcar, los siropes y la miel son aditivos habituales en la repostería dulce y los tés.	Estos ingredientes son sagrados y a menudo se consideran ofrendas a deidades, entidades y espíritus. También «endulzan» (refuerzan) los hechizos.
Té y café	El té y el café son bebidas sagradas, veneradas por su elevación espiritual.	Bebe un sorbo antes de cualquier ritual de adivinación para añadir poder y conexión espiritual.

Itinerario enfocado 7

Bruja de cabaña

La bruja de cabaña es una bruja de hogar que, de algún modo, se centra más en los aspectos de jardinería y cultivo de la brujería de hogar. Mientras que la bruja de cocina conserva los frutos, la bruja de cabaña planta las hierbas y cosecha los frutos, cuida y cuelga las hierbas para que se sequen y realiza magia relacionada con la siembra de la semilla, la fertilidad de la tierra y el florecimiento de las flores utilizadas en la magia no alimentaria. Piensa en la bruja de la cocina y en la bruja de la cabaña como partes integrales de la brujería del hogar y aunque pueden realizar las mismas tareas brujeriles, cada una tiende a centrarse en diferentes partes de la brujería del hogar. Al igual que la bruja de la cocina, la bruja de la cabaña se centra principalmente en la magia cotidiana: salud, seguridad, felicidad, paz, protección y amor. Pueden compartir sus flores y hierbas con otros miembros de la comunidad y elaborar ungüentos y otras hierbas curativas que ayuden a cuidar de la familia y los parientes. Se trata del mismo enfoque comunitario que el de la bruja de la cocina.

PRIMEROS PASOS (PRINCIPIANTE)

También es probable que las brujas de cabaña cultiven un jardín, ya sea en macetas, camas elevadas o junto al hogar en un jardín vallado. También pueden fijarse en el paisaje que rodea el hogar para ver dónde pueden incorporar su magia. Y es probable que coloquen estas plantas estratégicamente, utilizando el color y la tradición en sus elecciones. Éste no tiene por qué ser el lugar por el que empezar, pero la tendencia «verde» y el amor por la flora y la fauna de la bruja de cabaña hacen que se sienta atraída por este espacio. No te equivoques: a las brujas de cabaña les gusta disfrutar del confort del fuego de la chimenea, de la magia de un edredón reconfortante y de una buena taza de té. No siempre se sienten inclinadas a ser jardineras o floristas. Pero la definición medieval tradicional de «cabaña» indica que siempre había un jardín o una parcela de tierra para alimentar a la familia que vivía allí y que servía a un «señor» con su trabajo. Por eso, las brujas de cabaña se centran en esta parcela.

Limpieza y protección del hogar y de la familia

La protección y la limpieza son esenciales para la bruja de cabaña, por lo que una buena parte de la brujería de cabaña para principiantes consiste en establecer fuertes bordes protectores y asegurarse de que el espacio está limpio espiritual y físicamente. Este tipo de bruja puede colocar begonias rojas y arbustos de arándanos rojos cerca de la entrada de la casa como protección y añadir jardineras llenas de melisa y lavanda fuera de las ventanas de los dormitorios para la limpieza y la calma. Se sugiere tener una buena escoba para limpiar el espacio y atraer la buena energía, lo que no es más que encantar la escoba para tales fines.

Guirnalda de arándanos rojos para protección y vitalidad

Las guirnaldas ofrecen protección y poder, al igual que las trenzas o los cordones. Al crear una guirnalda, a medida que colocas cada elemento, construyes e intensificas la intención. Cuando se cuelga en el exterior, en la repisa de la chimenea, en las barras de las cortinas o cerca de la puerta principal de la casa, una guirnalda añade intención al espacio. Aquí utilizamos arándanos rojos, conocidos por sus intenciones de prosperidad, protección y curación.

Cuándo realizar este hechizo:
Sábado, a mediodía

Ingredientes/herramientas:
- Tijeras
- Cordel
- Aguja
- Unos 30 arándanos, idealmente frescos o medio secos
- Otros complementos personales, como rodajas de manzana o de pera o cubitos de jengibre confitado, que tienen las mismas correspondencias que los arándanos rojos.
- Hilo rojo (opcional)

1. Corta un trozo de hilo de 90 cm de largo. Haz un nudo en un extremo y enhebra el otro extremo en una aguja.
2. Comienza a perforar las bayas y otras frutas o añadidos con la aguja, una a una, siguiendo el patrón que más te guste, empujándolas hasta el extremo anudado del cordel.
3. Si lo deseas, ata un poco de hilo rojo al cordel y, cuando hayas terminado de pasar el cordel por los objetos, enhebra el hilo rojo a través de ellos. Esto añade protección.
4. Una vez terminada, ata el extremo y sujeta la guirnalda en la mano mientras susurras: «Todo va bien en casa y en el hogar, cuando los frutos del seto protegen a los míos».
5. Cuélgalo como desees.

BRUJERÍA DE CABAÑA INTERMEDIA

Las brujas de cabaña de nivel intermedio pueden centrarse más en los cambios de las estaciones y, por tanto, en el cambio de la tierra en la que cultivan su jardín. Entienden, al igual que las brujas verdes, que la tierra es tan importante como las flores y que también hay que honrarla. Es probable que dejen descansar la tierra y le den una buena bendición antes de que se aletargue para el invierno o que cuiden el abono para ayudar a la tierra con los nutrientes necesarios para mantener su jardín saludable. Son estos actos más conscientes y que requieren más tiempo los que hacen que la bruja de cabaña pase de principiante a intermedia, porque se centra menos en lo que la bruja consigue con el hechizo y más en la asociación espiritual entre la bruja y la tierra. Las brujas de cabaña intermedias también pueden centrarse en actividades de bruja de hogar un poco más implicadas que la elaboración de una guirnalda rápida. Al igual que la bruja de cocina empieza a centrarse en los matices de remover, calentar y enfriar, la bruja de cabaña puede centrarse en actividades más conscientes, como coser.

Puntadas y sigilos

Las intenciones de coser requieren una visualización prolongada y es difícil mantener ese tipo de atención sin perder el hilo de los pensamientos (¡nunca mejor dicho!), sobre todo en actividades repetitivas como coser. Eso es lo que hace que coser sea de nivel intermedio. Puede parecer bastante simple, pero mientras cosemos, construimos la intención, y si nuestra mente se aventura en otras cosas, como la ansiedad por el trabajo, estamos cosiendo accidentalmente en esos sentimientos, lo que enturbia el trabajo de hechizo.

La costura conecta un trozo de tela o una intención con otra, por lo que podemos coser trozos de tela para que potenciales amantes se encuentren. Podemos coser las telas de otra persona para ofrecerle reparación emocional y curación física y podemos coser sigilos, símbolos que tienen poder para la bruja y simbolizan una intención, en las telas para unir un poco de intención a quien las lleva. Y no nos limitamos a la ropa: las mantas, bufandas y demás se utilizan para «cubrir» a la persona con su hechizo. También podemos confeccionar muñecos, pañuelos y otros objetos más pequeños para que los lleven las personas.

Estabilidad de la costura

En este hechizo, los puntos se añaden como símbolo de estabilidad y fundamento a nuestras vidas. Usa cualquier símbolo que te guste, como la rama de un árbol, una hoja de roble o incluso sólo palabras que te recuerden a estabilidad, como «enraizamiento» o «fuerza». Elige algo significativo para ti o para la persona para la que realices este hechizo.

Cuándo realizar este hechizo:
Jueves, a cualquier hora (lo ideal es a las 17:00 o a medianoche)

Ingredientes/herramientas:

- Tijeras
- Hilo de uno de los siguientes colores: negro, marrón, gris verdoso o naranja oxidado
- Aguja
- Tejido que se va a coser, como un cuadrado de tela de muselina, una manta o una bufanda.

1. Enhebra la aguja.
2. Colócate en un lugar cómodo y cierra los ojos, balanceando el cuerpo y sujetando la aguja en una mano y el tejido en la otra.
3. Si este hechizo es para ti, imagínate tumbada en el suelo, con raíces saliendo de tus pies y adentrándose en la tierra. Si es para otra persona, imagínate a esa persona tumbada en el suelo y en paz, con los pies echando raíces.
4. Esta imagen seguirá profundiándose, con raíces que crecen y se fortalecen, adentrándose más en la tierra. Otras partes del cuerpo empiezan a echar raíces como amarres a la tierra. Mantén esta visualización mientras empiezas a coser el símbolo o la palabra que has elegido.
5. El truco está en mantener esta visualización sin romperla. Si es necesario, visualiza también lo que hueles, oyes, ves y sientes. Esto te ayuda a mantenerte en la visión y a concentrarte.
6. Continúa hasta terminar la costura y, a continuación, anuda el hilo 3 veces.
7. Di: «Un soplo para cambiar el camino en el que (estoy/están). Lo que está en mi corazón ahora ha comenzado». Respira un poco sobre la costura.
8. Anuda el hilo una vez más para sellar el hechizo.

CORRESPONDENCIAS VEGETALES

Puede que pensemos en la bruja de cabaña como una maestra de las flores silvestres, pero los jardines caseros tradicionales incluían hierbas culinarias y medicinales en el mismo jardín que las flores y a veces la planta adecuada se encontraba en el bosque, en la tierra o justo a nuestro lado. Por eso, las brujas de cabaña buscan la magia en todo tipo de plantas*, no sólo en las flores.

***Nota de seguridad:** *ten cuidado con todas las plantas y hierbas, ya que las reacciones alérgicas son siempre una posibilidad y muchos pueden ser tóxicos en dosis altas. Investiga cada hierba cuidadosamente, usa guantes al manipularla y lávate siempre las manos después de usarla.*

Correspondencias vegetales

PLANTA	DESCRIPCIÓN	PROPIEDADES
Flores	Seca las flores y espolvoréalas en el suelo por la noche para fomentar las intenciones, quémalas como incienso suelto, colócalas en el altar como ofrenda a las deidades e infúndelas en aceites para ungir velas.	Plantar flores autóctonas en el jardín para fomentar las intenciones individuales sin dejar de honrar la región y sus bichos.
Lavanda	La versatilidad de la lavanda, que se ofrece con sus tallos florales o como simples hojas, significa que podemos utilizarla como un ramo de flores para la chimenea (a escondidas) de magia) o para limpiar con humo el espacio.	Utiliza la lavanda para la calma, el dormir, los sueños y la suerte. Espolvorea las flores a lo largo de los umbrales del dormitorio o de la cabaña para favorecer las intenciones.

Correspondencias vegetales *(continuación)*

PLANTA	DESCRIPCIÓN	PROPIEDADES
Melisa, mejorana y albahaca	Estas hierbas «suaves» aportan un sabor suave a los alimentos y bebidas.	Las tres hierbas se centran en la curación, la felicidad y la calma.
Hojarasca	La hojarasca incluye todos los frutos y la materia orgánica que se desprende de las plantas, es decir, árboles y arbustos, incluidas bellotas, semillas, hojas y frutos.	Recoge y seca la hojarasca y utilízala como ofrenda, o añádela a rituales de abundancia moliéndola en un mortero y vistiéndola con velas.
Menta	Al igual que el tomillo (*véase* a continuación), existen diferentes tipos de menta, como la de chocolate, naranja, menta piperita, piña y menta verde.	La menta significa limpieza, abundancia y pureza.
Rosemary	Los tallos robustos y las hojas largas del romero lo hacen ideal para las limpiezas de humos y puede utilizarse de forma muy parecida a la salvia.	El romero significa conexión ancestral, conocimiento intelectual, recuerdo y sabiduría.
Tierra y polvo	La tierra y el polvo o barro son diferentes. La tierra contiene los nutrientes que permiten que las plantas crezcan. La suciedad no contiene esos nutrientes.	Utiliza la tierra en hechizos de abundancia y fertilidad, y el polvo en magia protectora.
Tomillo	El tomillo se presenta en una gran variedad de sabores sutiles, como el limón.	El tomillo puede utilizarse para la limpieza o la magia infantil (protección, seguridad y felicidad).
Hojas de árbol	Las hojas de los árboles, preferiblemente secas, adoptan las correspondencias del árbol al que pertenecen. Reúnelos y colócalos en tarros sobre la chimenea para fomentar la intención.	Al igual que las flores, los árboles tienen determinadas intenciones, pero todos comparten las intenciones de abundancia, eliminación de obstáculos, fuerza y sabiduría.

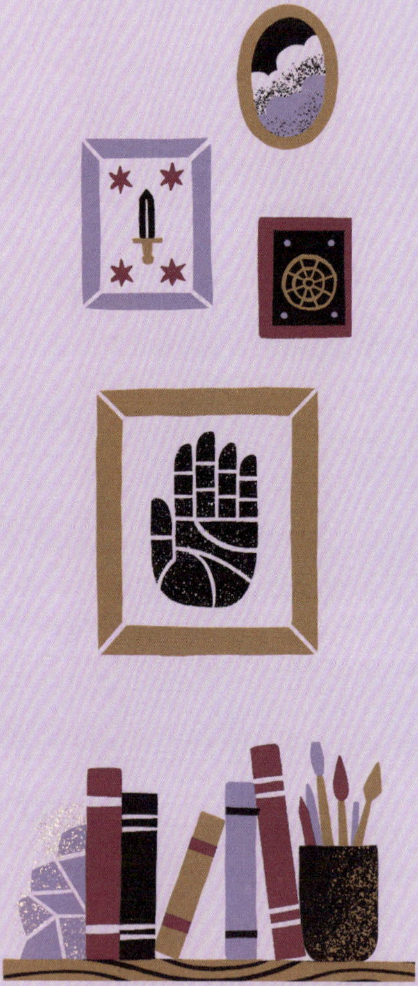

CAPÍTULO 6

BRUJAS INTUITIVAS

La brujería es una práctica personal, un camino que nos ayuda a comprender mejor el lado espiritual de las cosas, independientemente de en qué se centre nuestro arte. Uno de los resultados que muchas brujas esperan es un yo espiritual más fuerte que nos ayude a guiarnos por la vida. Esto puede incluir una mayor capacidad para hablar con los espíritus y otras entidades, para aprovechar las habilidades psíquicas que no implican el «otro mundo» y para llevar el yo intuitivo más cerca de la superficie, para que nuestros instintos nos guíen mejor en todo lo que hacemos. En esencia, la bruja intuitiva sabe cosas sin obtener ninguna información externa que le ayude y la forma de desarrollar esta habilidad es abriéndose al lado espiritual, dentro de nosotros y en el cosmos. La bruja intuitiva, entonces, trabaja con herramientas, hechizos y rituales que ayudan a fomentar esta intuición, esta capacidad de reunir información o sentimientos y comprenderlos sin pensamiento consciente.

La brujería intuitiva considera este resultado menos como el subproducto de la realización de rituales y hechizos y más como el objetivo principal del arte. Pueden realizar su práctica de diferentes maneras y eso es lo que conduce a diferentes caminos. La bruja cósmica utiliza los cuerpos celestes para aprender más sobre el ser y para construir una conciencia intuitiva. Otros pueden centrarse en hablar con los espíritus, por lo que esta práctica incluye herramientas como péndulos, tableros de espíritus, cartas del tarot y otros elementos que permiten hablar al lado espiritual. Pero, ¿es siempre el lado espiritual el que habla? Ésa es una pregunta para el cosmos: no estoy seguro de que nadie pueda saberlo realmente. A veces, las respuestas viscerales que obtenemos y que atribuimos a nuestra intuición pueden ser espíritus que nos hablan a un nivel subconsciente. O puede ser que sea la intuición que hemos fomentado, un sentido muy agudo de nosotros mismos y del mundo exterior, que nos permite captar los detalles más pequeños de forma subconsciente. O puede que las sensaciones y respuestas que obtenemos no sean el resultado de una comunicación espiritual, sino de la transferencia de energía entre objetos y personas. Desglosaremos esto un poco más cuando hablemos de las brujas psíquicas.

En primer lugar, para entender la intuición, tenemos que aventurarnos a saber de dónde viene, tanto si hablas con los espíritus como si escuchas a tu instinto. Estos pensamientos, independientemente de quién los envíe, son probablemente captados e interpretados por el yo no consciente. Podrían ser recogidos por el subconsciente o por la parte de nosotros que realiza las tareas diarias y asimila la información pero no se centra conscientemente hasta que lo intentamos. Es el subconsciente el que nos permite respetar las normas de tráfico, aunque estemos sumidos en nuestros pensamientos y no recordemos el camino al trabajo. Es el inconsciente el que alberga los sentimientos residuales, las experiencias y los deseos latentes ocultos en lo más profundo de nuestro ser. Por eso, la intuición que no procede de una fuente espiritual puede provenir de estas dos áreas.

Independientemente de dónde se origine la intuición, las brujas intuitivas están, quizás, más inclinadas a centrarse en el trabajo de sombras. El trabajo de sombras, del que hablaremos más a fondo a continuación, es el esfuerzo consciente por tamizar los reinos subconsciente e inconsciente del yo para sanar y dejar ir rasgos, hábitos y formas de ser que no están del todo en sintonía con lo que queremos ser. Las brujas intuitivas, en un intento de acercarse al núcleo espiritual, al yo intuitivo, pueden dedicarse al trabajo de sombras como forma de atravesar los bloqueos que les impiden encontrarse con ese yo. La intuición está dentro de todos nosotros, al igual que todos tenemos un yo consciente, subconsciente e inconsciente. Podemos perfeccionar nuestra intuición como cualquier otra habilidad. Pero, ¿cómo trabajar con estas partes de nosotros mismos para provocar el cambio? En esencia, ¿cómo trabaja la bruja con estas partes del yo?

Trabajar con la intuición

Como la bruja intuitiva trabaja con los espacios interiores del ser que se esconden bajo la superficie, es probable que incorpore el elemento agua y la luna en sus rituales y hechizos. El elemento agua controla estos aspectos del ser y nos ayuda a darles sentido, y la luna controla las mareas. En este simbolismo, pues, la luna nos ayuda a ceder el poder amoroso y el control sobre nuestras emociones y a comprender mejor lo que nos dice nuestro yo intuitivo, de modo que podamos tomar decisiones sabias e intuitivas.

Los planetas también forman parte de la práctica de la bruja intuitiva. Como todos los demás elementos naturales, los planetas también tienen correspondencias y éstas pueden relacionarse con aquello en lo que la bruja quiera centrarse, como deshacerse de obstáculos o calmar emociones, entre otros. La bruja intuitiva utiliza las correspondencias y las posiciones de los planetas como ayuda para elegir los momentos en los que desea realizar cualquier tipo de magia. Lo mismo sucede con la luna: la bruja intuitiva inscribe o incorpora las fases de la luna, al igual que los planetas, al considerar el momento de realización de los hechizos.

Estas brujas también pueden utilizar el agua para «ver» dentro de sí mismas, conectar con los espíritus o adivinar el futuro. Pueden utilizar el agua cargada en una determinada fase lunar para asperjar (rociar con agua) sus herramientas, como tambores ceremoniales, varitas, velas y cristales. También pueden utilizar tés (aguas) y hierbas* para mejorar la conciencia psíquica y el trabajo con hechizos.

***Nota de seguridad:** *asegúrate de investigar cuidadosamente cualquier hierba que utilices y lee las instrucciones del fabricante cuando apliques o ingieras cualquier tipo de hierba.*

Es lógico que las brujas intuitivas utilicen hechizos y rituales orientados a fomentar la comprensión de sí mismas y de sus motivos internos. Esto significa que es probable que se dediquen a la magia onírica, en la que pueden observar las necesidades y deseos del yo inconsciente y utilizar ese conocimiento para ayudar a guiar su magia. Por ejemplo, una bruja intuitiva puede realizar magia de los sueños con la esperanza de tener sueños lúcidos o sueños en los que controla el resultado del sueño porque entiende que está en un estado de sueño. Pueden prestar atención a los símbolos que surgen en esos sueños, las personas involucradas o el evento en cuestión, y utilizar esa información para realizar hechizos de curación para sí mismos en relación con ese evento.

También trabajan para encontrar la conexión entre mente, cuerpo y espíritu. Por eso, las prácticas habituales en este tipo de brujería son la meditación, el trance y la visualización. Estas prácticas requieren que la bruja se aventure hacia su interior y capte matices en el cuerpo para reforzar su intuición y su guía interior. Pueden, por ejemplo, centrarse en el ritmo y la fuerza de la respiración al imaginar algo. Pueden aventurarse en el otro mundo o reino de los espíritus y las deidades, para obtener una visión y una conciencia ancestrales de cómo se conectan con el universo en su conjunto y cómo pueden conocerse mejor a sí mismas. Y pueden colocar el cuerpo en estados de trance para fomentar la tranquilidad y la paz y calmar el cuerpo, la mente y el ser espiritual.

Las brujas intuitivas también utilizan la clarividencia para obtener información, y esto implica menos conexión con entidades espirituales y más perfeccionamiento de la mente y de las energías que danzan suavemente en ese espacio para obtener clarividencia e información. Hablaremos de la clarividencia más adelante. Las brujas intuitivas no solo exploran su mundo interior, pero son esas habilidades las que las ayudan en el mundo exterior. Por ejemplo, las brujas intuitivas que dedican tiempo a explorar los matices de la respiración y a identificar dónde se asienta su energía en el cuerpo también refuerzan su capacidad para captar las pequeñas punzadas de los sentimientos al entrar en un espacio nuevo, así como los movimientos sutiles de la energía, como una pequeña brisa sobre el brazo cuando se está cerca de un espacio sagrado, un altar o un pozo sagrado. En su trabajo interior, construyen esa concentración en detalles que les ayudan a identificar cuándo hay energías, incluso sutiles, cerca. Si a esto le añadimos los viajes espirituales, ya tenemos los ingredientes de la magia psíquica.

Breve historia de la magia intuitiva

La magia intuitiva implica una gran cantidad de comunicación espiritual y adivinación, y estos son conceptos que se remontan a las primeras civilizaciones, pues siempre hemos estado intentando contactar o apaciguar el lado espiritual. De nuevo, podemos mirar a los antiguos celtas o a las prácticas chamánicas de una gran variedad de culturas de hace decenas de miles de años para ver esos intentos de viajes espirituales.

Para saber sobre la época en la que estas prácticas pudieron ser más aceptadas o populares, podemos fijarnos en la era victoriana o en el siglo XIX, cuando muchas formas de adivinación o comunicación espiritual calaron en la sociedad gracias a la revolución industrial. Esto significó que la producción en masa de artículos como el tablero de la güija, las *planchettes*, los instrumentos de escritura automática, los instrumentos de lectura de las hojas de té, las bolas de cristal, los mazos de tarot, entre otros, proliferaron en los hogares de clase media a ambos lados del océano. Aunque estos objetos se utilizaban más para pasar el tiempo y entretener a los invitados a las fiestas, vemos la aparición de los espiritistas y de quienes ganaban dinero con sus comunicaciones espirituales. Muchas de estas prácticas estaban plagadas de fraudes, pero podemos argumentar que el movimiento espiritista que sustentaba estos intereses expuso a la gente a estos métodos de comunicación espiritual y los hizo un poco más fáciles de realizar. El movimiento espiritista alcanzó su apogeo a mediados del siglo XIX y su principal habilidad era la capacidad de comunicarse con los muertos. Aunque no es lo único que hace una bruja intuitiva, sin duda tiene un papel importante. Las brujas intuitivas meditan, adivinan y se ponen en contacto con el cosmos para que las guíe. Tiene sentido que los que están en el otro lado, ya sean fantasmas, antepasados o simplemente energía, se pongan en contacto con ellas.

Sin embargo, aunque la meditación es un arte arcaico que fortalece la conexión mente-espíritu-cuerpo, podemos ver el resurgimiento de la práctica como algo «popular» en las décadas de los sesenta y setenta, justo en línea con el movimiento *New Age*, que incluía una variedad de creencias y prácticas espirituales que eran ya difíciles de describir, incluso por los estudiosos. En pocas palabras, los defensores de la *New Age* creían en la transformación espiritual y la curación generadas por el practicante, el cosmos y los cuerpos celestes que hay en él, los seres divinos y la interconexión con la humanidad. El movimiento *New Age* se centraba en el yo espiritual como parte integrante de dicha transformación y creía que el cambio radical necesario para llevar al mundo a un estado más conectado y animado acabaría desembocando en una «nueva era» (new age, en español). La conexión entre el yo y el lado espiritual era un aspecto muy importante, pero en los últimos años del movimiento, la atención se centró menos en la interconexión de la humanidad y el universo y más en el yo en particular.

Los miembros de las comunidades *New Age* se dedicaban a prácticas espirituales como el yoga y la meditación, la sanación, la comunión con los espíritus y el trabajo con cristales y otras fuentes de energía cósmica. El movimiento empezó a decaer en la década de los ochenta, pero su impacto ya estaba presente en la sociedad occidental y su amplio espiritualismo, aunque carente de sistemas de creencias definitivos y específicos, lo convirtió en la columna vertebral de la brujería intuitiva, así como de prácticas eclécticas y de nicho (*véase* el capítulo 7).

Curiosamente, las ideas del movimiento *New Age* se basaban en las ideas espirituales de siglo XIX, en la idea de que existía un conocimiento espiritual oculto listo para ser obtenido si el ser humano, en tanto que parte del cosmos, estaba lo suficientemente abierto para recibirlo. Debido a que el movimiento *New Age* es un concepto espiritual primordial más que un conjunto de principios y prácticas de creencia específicos, se considera «ecléctico» y muchas brujas buscan prácticas que puedan considerarse *New Age* porque son lo suficientemente amplias como para permitir que todo el mundo se sienta incluido.

ASPECTOS ÚNICOS DE LAS BRUJAS INTUITIVAS

Las brujas intuitivas son capaces de acceder al yo con más facilidad que otras brujas que se centran en el mundo que las rodea. Esto significa que probablemente les resulte más fácil meditar o entrar en estados de trance, acceder al mundo de los sueños, comprender cuándo las presencias espirituales intentan ponerse en contacto con ellos y aventurarse en el otro mundo. Esto no quiere decir que otras brujas no puedan hacerlo, pero como la bruja intuitiva se centra en estas habilidades y utiliza estos conceptos en todo su trabajo, naturalmente le resulta más fácil hacerlo. Perfeccionar cualquier habilidad significa ser capaz de realizarla con más eficacia y éxito, y la bruja intuitiva encuentra estas partes de la brujería un poco más fáciles en virtud de la práctica sostenida.

Las brujas intuitivas también son un poco más autosuficientes. Trabajan con los poderes de su interior más que con las correspondencias externas al cuerpo, por lo que no necesitan necesariamente una gran caja de herramientas (¡aunque pueden tener una!) porque son su propio poder. De nuevo, todas las brujas tienen esta capacidad, hasta cierto punto, ya que todas afinan la energía que llevan dentro para provocar el cambio. Pero la bruja intuitiva trabaja con esa energía casi exclusivamente, por lo que no es un problema si no tiene consigo sus herramientas. ¿No tienes un péndulo, por ejemplo? Un simple instrumento de escritura y un poco de papel permitirán el contacto espiritual.

Herramientas para la bruja intuitiva

HTAS.	DESCRIPCIÓN	PROPIEDADES
Cristales	Los cristales ayudan a canalizar y guiar la energía, independientemente de sus correspondencias individuales.	Utiliza los cristales para ayudar a canalizar y acumular energía, para liberar las energías depositadas en la piedra y para emitir determinadas energías al espacio y a la persona.
Tambores	Hay tambores de todas las formas, tamaños y materiales; ten en cuenta la cultura de la que proceden.	Los tambores o el golpeo repetitivo en los mismos, permiten alcanzar un estado de trance o meditación, que nos conecta mejor con el yo no consciente y con el lado espiritual.
Tableros de güija	Los tableros de güija presentan letras y palabras cortas que permiten a los espíritus comunicarse con nosotros.	Los tableros de güija invitan a entrar a los espíritus, pero también nos piden que confiemos en nuestra intuición cuando la *planchette* se mueve por el tablero. Algunos dicen que no están moviendo la *planchette*, pero otros dicen que la mueven intuitivamente basándose en las instrucciones subconscientes de los espíritus.
Péndulo	Los péndulos son piedras puntiagudas en el extremo de una cadena que se mueven cuando las entidades intentan comunicarse.	La energía de cada péndulo es diferente según el cristal utilizado. Podemos elegir amatista, aguamarina, celestita, cuarzo clásico y cuarzo ahumado.
Planchettes	Las *planchettes* son las herramientas utilizadas en los tableros de güija para señalar letras en la pizarra y sobre las que los practicantes colocan sus manos.	Las *planchettes* permiten que el espíritu hable de formas más discernibles, en lugar de confiar en la intuición y en que es el espíritu el que está hablando
Humo o incienso	El humo o incienso suele proceder de la quema de hierbas y resinas sagradas.	El humo o el incienso expulsa la negatividad que puede aparecer al trabajar con espíritus y energías sutiles en un espacio. Algunas resinas y hierbas ayudan a conectarnos con la espiritualidad superior.

Itinerario enfocado 8

Bruja psíquica

La brujería psíquica es una categoría amplia, ya que hay muchos tipos de conciencia psíquica. Podemos tener conciencia psíquica mediante la «mediumnidad» o capacidad de comunicarse con los muertos, uno de los tipos más comunes de habilidades psíquicas y probablemente aquel en el que pensamos cuando pensamos en ser psíquicos. Pero hay muchas otras actividades que se consideran psíquicas, como la proyección astral; la capacidad de vagar en espíritu mientras el cuerpo permanece dormido; la capacidad de hablar con otros a través del pensamiento (telepatía); la capacidad de tocar a alguien y recoger pensamientos, sentimientos e historia (psicometría); la capacidad de oír a los muertos (clariaudiencia); y, la que todos conocemos, la capacidad de adivinar el futuro. Todas son muy diferentes entre sí, pero una cosa es cierta: estas habilidades psíquicas dependen de nuestra conexión mente-cuerpo y de la confianza en nuestra intuición. Tus intereses te guiarán en este camino, pero podemos empezar por perfeccionar las habilidades de conciencia psíquica en general y prepararnos para estar en estos espacios cargados.

Nuestros altares, en este sentido, pueden incluir pizarras de estados de ánimo o cualquier objeto personal que creas que habla de ese yo superior. Tal vez esto incluya imágenes de lugares que te hablan espiritualmente o formas de ser, como alguien meditando o haciendo yoga. Si tu objetivo es hablar al yo interior o superior, asegúrate de que esa presencia se sienta en tu altar.

También son ideales las piedras que reflejan una mayor espiritualidad o amor propio. La selenita, especialmente la selenita melocotón, nos conecta con el lado espiritual y fomenta la confianza, la curación, la transformación y el amor.

Incluye también cualquier símbolo que te hable espiritualmente. Si un animal y simboliza las cualidades que quieres para ti, añade su imagen (un lobo para el coraje, por ejemplo). Los colores también pueden añadir intención; el morado corresponde a la espiritualidad. Pero escucha a tu intuición cuando pienses en lo en qué debe haber en tu altar. Sentirás que tu yo interior dice «sí» o «no» a los objetos a medida que los consideras.

PRIMEROS PASOS (PRINCIPIANTE)

Iniciarse en este camino puede no ser emocionante al principio, pero el viaje del principiante tiene que ser, ante todo, seguro. Tanto si estamos trabajando con energías internas como con energías externas, somos vulnerables a muchas vibraciones no necesariamente positivas y por eso debemos centrarnos en blindar y purificar los espacios. Esto se hace más evidente cuando nos damos cuenta de que los intentos de comunicación espiritual pueden no terminar cuando nosotros queremos. Las entidades externas pueden desear comunicarse cuando la bruja está «fuera de servicio». Por lo tanto, se necesitan límites.

Purificación y blindaje

Es esencial que las brujas psíquicas sepan cómo protegerse de las intrusiones y para ello uno puede purificarse o limpiarse y protegerse. Limpiar el yo es eliminar todos los residuos energéticos que puedan adherirse involuntariamente a nosotros por estar en un espacio espiritual o energéticamente intenso, y proteger el yo significa blindarnos para protegernos de la absorción de esa energía.

Hechizo de humo para protección

Usa este hechizo de humo antes de cualquier práctica psíquica o comunicación espiritual para limpiar y proteger el yo. También puedes usar este hechizo cuando quieras construir límites espirituales y necesites la confianza para hacerlo (es difícil poner límites con los ancestros cuando ellos quieren comunicarse).

Cuándo realizar este hechizo:

Antes de cualquier comunicación espiritual, meditación o trabajo de sombras

Ingredientes/herramientas:

- Instrumento de inscripción, como una espina, una aguja, una pluma o plumín
- Una vela blanca grande de pilar
- 5 espinas de espino
- Tierra, suficiente como para hacer un círculo
- Cerillas o un mechero
- Hojas y corteza secas de roble y abedul, finamente molidas

Piedra de cuarzo ahumado del tamaño de la palma de la mano (colocada en el altar para mayor protección o sostenida como collar o en el bolsillo para protección).

1. Inscribe la palabra «seguro» en la vela 7 veces, una encima de otra.
2. Debajo, inserta las espinas en la vela, espaciadas uniformemente alrededor de la circunferencia. Sobresaldrán un poco.
3. Coloca la vela en el centro de tu altar o espacio y forma un círculo alrededor de la vela con la tierra.
4. Enciende la vela y observa los movimientos de la llama, permitiendo que tu visión vea «más allá» de la llama. Es probable que te centres en el aura de la llama, el anillo que la rodea y que contiene cierta luz. Canta suavemente: «Seguro y limpio. El yo, se repara. El espíritu habla y yo estoy aquí para escuchar, pero luego se escabullen en la distancia».
5. Espolvorea la mezcla de roble y abedul en el charco de cera y deja que la llama lo queme. Éstos son árboles protectores y purificadores, respectivamente.
6. Con cuidado, para no alterar el charco de cera, guía la vela alrededor del cuerpo –teniendo en cuenta la mente, el centro del corazón y las manos– para cubrir la piel con el humo de la llama y revestir simbólicamente el cuerpo con estas intenciones. Mientras lo haces, di: «Mente el cuerpo, el cuerpo es mío, custodiado desde el lado espiritual».
7. Vuelve a colocar la vela en el lugar de donde salió y visualiza una capa protectora de energía alrededor del yo hasta que sientas intuitivamente que está fijada. Esto puede parecer una sensación de finalización o calma, como la satisfacción que sientes al completar una tarea.

Potenciar las habilidades psíquicas

Para potenciar nuestras capacidades psíquicas, podemos recurrir al jardín. Hay un montón de hierbas y plantas* que se corresponden con la mejora de las capacidades psíquicas al permitirnos caer en un estado meditativo más fuerte o al abrir el camino hacia el reino espiritual. Podemos encontrar estas hierbas en su forma seca, destinadas a ser quemadas, ofrecidas o rociadas, o en su forma de tónico o té, destinados a inducir el estado mental tranquilo necesario para abrirnos a la conciencia psíquica.

***Nota de seguridad:** *utiliza sólo artículos a base de hierbas seguros e ingeribles fabricados por empresas de renombre en dosis consideradas seguras por las comunidades médicas y lee atentamente las instrucciones del fabricante.*

Aderezo para velas con hojas de menta

Podemos hacer velas vestidas con hojas de menta para que, sea cual sea el esfuerzo psíquico que deseemos emprender, tengamos una herramienta preparada para apoyar la magia. Quema las velas como lo harías con cualquier vela, pero ten en cuenta que pueden ser un poco sucias.

Cuándo realizar este hechizo:

Lunes, a cualquier hora (lo ideal son las 15:00 o las 22:00)

Ingredientes/herramientas:

- Bandeja de horno
- Papel para horno
- 1 taza (213 g) de cera de soja
- Aceite esencial de pino o hierba dulce (opcional, *véase* página 64)
- 5 velas de ritual blancas o moradas
- Hojas de menta secas, preferiblemente pequeñas
- Aceite portador de tu elección (opcional, *véase* la página 64)

1. Forra una bandeja de horno con papel para horno y ten cerca otro trozo de papel para horno.
2. Calienta la cera de 10 a 15 minutos a fuego medio en el fogón para que se derrita por completo y, a continuación, resérvala para que se enfríe. La cera debe estar un poco turbia al trabajar con ella, lo que evita que esté tan caliente que derrita las velas de ritual al verterla sobre ellas.
3. Si lo deseas, añade el aceite esencial a la cera cuando se enturbie hasta que te guste el aroma.
4. Coloca la base de una vela de ritual sobre la bandeja de horno forrada de papel para horno, sujetando la vela por la mecha y en un ángulo que te permita girarla mientras la viertes.
5. Lentamente, vierte un pequeño chorro de cera derretida sobre la vela, girando la vela en sentido deosil (el sentido de las agujas del reloj) hasta cubrir toda la circunferencia. No pasa nada si el exceso de cera se acumula en el papel para horno.
6. Espolvorea o coloca las hojas de menta en los laterales de la vela. La cera vertida actúa como pegamento. Coloca la vela recubierta sobre un trozo de papel para horno limpio y déjala secar.
7. Repite este proceso para cubrir las 4 velas restantes.
8. Si lo deseas, una vez que la cera del papel para horno empiece a tener consistencia de puré de patata, utilízala para dar una segunda capa a cada vela.
9. Si prefieres utilizar sólo una mezcla de aceites esenciales y aceites portadores para aderezar sus velas, omite la cera y adereza las velas sólo con la mezcla de aceites y hierbas. Sin embargo, a algunos no les gusta que sus velas estén siempre húmedas y sucias, por lo que utilizan cera para «pegar» las hierbas a la vela.

Meditación

La meditación es una actividad natural y central para la bruja intuitiva, porque es en ese espacio meditativo donde empezamos a tener un sentido más profundo del yo y se abre el camino hacia el lado espiritual. Hay diferentes niveles de meditación, principiante e intermedio, así que empezaremos con la meditación principiante para ayudarnos a identificar las partes más sutiles del ser, incluyendo esa codiciada práctica de ser capaz de identificar en qué parte de tu cuerpo se asienta tu energía espiritual. Es esa energía espiritual que infundes en tu magia, y por eso necesitas entender cómo encontrarla y moverla para realizar brujería.

Hechizo de meditación: encontrando la energía en el cuerpo

Es difícil aprovechar y enviar energía a diferentes partes del cuerpo si nunca has trabajado realmente con esa habilidad. Pero esta habilidad es la base del movimiento y la manipulación de la energía en la magia, porque es la forma en que movemos nuestra intención y la energía que hay detrás de ella, fuera de nuestro cuerpo y hacia el éter para que se manifieste.

Cuándo realizar este hechizo:

Cualquier día, a cualquier hora

Ingredientes/herramientas:

- El yo

1. Tranquilízate, siéntate en una posición relajada y respira. Para este ejercicio, concéntrate en la punta del dedo meñique de tu mano dominante.
2. Concéntrate sólo en el dedo y su punta. Visualízalo en tu mente e intenta sentir cualquier zumbido o movimiento en la punta. Tal vez tu energía se manifieste como un ligero calor. Dale un aspecto o una sensación a esta energía. (La mía es siempre un movimiento vibratorio negro de sombras, zumbando de un lado a otro dentro del dedo. A medida que desplazo mi enfoque hacia el nudillo, la energía se mueve con mi enfoque, y siento que el calor y el zumbido se mueven a la par).

3. Despacio, desciende hasta la base del dedo, cerca de la palma. (Siento y percibo un zumbido en dirección a los otros dedos cuando intento moverme hacia ellos para llegar a sus puntas. Si tu energía quiere hacer esto, permíteselo). Juega con esta energía y continúa moviéndola. En meditaciones adicionales, concéntrate en otra parte del cuerpo. No es necesario salir de la meditación suavemente. Simplemente coloca la energía donde quieras que permanezca.
4. Para algunos (como yo), esta energía va a sentarse justo debajo de la punta del dedo o los dedos, permaneciendo ahí hasta que le indiques que se vaya. Se asienta y se cuece allí, esperando tu palabra. Cuando está lista, se filtra hacia la punta de los dedos y sale de ellos. Este movimiento puede parecerse a la tinta que gotea de una pluma o al humo que sale de la piel. (El mío parece más bien tinta espesa, cuyo color depende del hechizo que esté haciendo y de mi intención, que gotea y cae al suelo). Esta «tinta» (energía) empapa las velas, cristales, cartas u otras herramientas que se estén utilizando. Para otros, esta energía puede necesitar ser aprovechada desde el tercer ojo, el corazón o cualquier otro espacio en el que permanezca latente. No pasa nada. Todos mantenemos nuestra energía en lugares diferentes.
5. Dondequiera que se encuentre la energía, concéntrate en esa zona y envía la energía a las puntas de los dedos para sacarla del cuerpo.
6. Realiza este hechizo tantas veces como quieras, cada vez concentrándote en un pequeño detalle, como el color específico de la energía o la forma en que se mueve dentro y fuera del cuerpo.
7. Cuando termines la actividad, concéntrate en tu respiración y abre lentamente los ojos. Vuelve al presente..

BRUJERÍA PSÍQUICA INTERMEDIA

Podría decirse que la brujería intuitiva intermedia es una de las más difíciles de realizar. Se accede a las partes más profundas del ser y se intenta contactar con el mundo espiritual para hablar con ese «tú» interior, para acabar desarrollando, idealmente una habilidad casi natural. Los mensajes y pensamientos, vengan de donde vengan, ya sea un espíritu o el yo, llegan casi de inmediato. Hay una razón por la que se cree que este tipo de brujería es hereditaria o nace en una persona: desarrollarla es difícil. Pero puede hacerse.

Percepción extrasensorial: los cinco «claris» (*clair senses*)

La percepción extrasensorial, o PES, es un tipo de conciencia psíquica. La clarividencia, en general, es la capacidad de adivinar acontecimientos futuros, así como de obtener información sobre alguien o algo estando en su presencia o tocándolo. Existen varios tipos de sentidos «claris».

La *clarividencia* es la capacidad de obtener información a través de nuestra segunda vista, como visiones que aparecen de forma parecida a los recuerdos, mientras que la *clariaudiencia* es la capacidad de recibir mensajes e información oyéndolos, normalmente a través de entidades. La *claricognición* es la capacidad de conocer información sin más: surge en la mente de forma instantánea tras estar en presencia de alguien o algo, o tocarlo. Y la *clarisentiencia* es la capacidad de obtener información a través de los sentimientos. Podemos sentir cómo se siente otra persona, emocional y físicamente.

Algunos dicen que no puedes hacer que tengas estas «claris» o entrenarlas, que se nace con ello. Pero las brujas intuitivas saben que, al igual que otras habilidades intuitivas, puedes aprovechar esa energía para desarrollarlas. Y al igual que con otras habilidades intuitivas, empieza por leer las sutiles pistas que te dan tu mente, tu cuerpo y tu espíritu.

Desarrollar la clarividencia

Usa este hechizo para abrirte a cualquier habilidad clarividente. Este hechizo apela al lado espiritual para ayudar a abrir ese camino.

Cuándo realizar este hechizo:
Miércoles, a medianoche, cuando la luna está creciente o llena.

Ingredientes/herramientas:
- Un plato
- Arena negra o sal
- 3 velas de ritual o votivas moradas
- Sal negra
- Cerillas o un mechero
- Manojo de romero
- Concha de abulón

1. Llena el plato con arena negra o sal. Coloca las velas en el plato de forma que formen un triángulo y se mantengan estables. Alrededor del plato, coloca un círculo de sal negra.
2. Enciende el manojo de romero. Con estas llamas, mientras está de pie, empieza a cubrirte con el humo, moviéndolo desde alrededor de los pies hacia la parte superior de la cabeza.
3. Mientras envuelves los pies, afirma: «La base del yo levita. Alcanzo el estado de otro mundo».
4. Mientras vas hacia las caderas y la cintura, di: «El humo es la niebla a través de la cual se aventuran los espíritus. Alrededor de las piernas y hacia el centro».
5. Subiendo al corazón, afirma: «El corazón es la puerta por donde surgen los mensajes. Atraviesan el velo del cielo de medianoche».
6. Cuando llegues al tercer ojo, comparte: «Desde el centro del corazón, el ojo de la mente lee. Ahora, percibo los deseos y necesidades del espíritu».
7. Al llegar a la coronilla, susurra: «De la coronilla, el pico espiritual. A través de mi persona, habla lo espiritual».
8. Coloca el fardo sobre la concha de abulón y vuelve a ponerte de pie, con las palmas de las manos a los lados, mirando hacia fuera. Concéntrate en la respiración. Si quieres, siéntate y coloca las manos sobre las rodillas, palmas hacia arriba. Quédate así durante un tiempo, imaginándote a ti mismo absorbiendo energía como un faro.
9. Deja que las velas se consuman. Si quieres, apaga el manojo de romero.

El yo superior

Hay muchas interpretaciones del yo, dependiendo del enfoque psicológico que se utilice. Es un poco confuso hablar de esto porque la interpretación depende realmente de a quién se pregunte y del contexto. Para nuestro propósito, hablaremos de tres niveles del yo: el yo básico, el yo consciente y el yo superior.

El «yo básico» es con lo que nacemos e incluye partes del yo que gobiernan las necesidades básicas, así como las emociones básicas aún no reguladas por el pensamiento superior. Éste es el yo que tiene deseos casi infantiles, pero también es el yo que entiende la supervivencia y lo que se necesita para mantenerla. Es el yo que tiene instintos.

Luego está el «yo consciente», el yo que somos actualmente. Este yo puede dividirse, dependiendo de cómo se mire, en quiénes somos individualmente, en las relaciones cercanas, en la sociedad, etcétera. También podría dividirse en cómo nos vemos y valoramos a nosotros mismos. Aunque algunos llaman a esto el yo consciente, porque es el yo con el que operamos día a día, podemos ver que algunos aspectos de este yo profundizan más allá de la mera comprensión consciente de quiénes somos, qué aspecto tenemos, con qué disfrutamos y cómo somos.

Luego está el «yo superior», que opera con una sabiduría espiritual, la previsión y una inteligencia emocional que nosotros, en nuestro estado actual, nos esforzamos por ser. Es el yo que puede regular las necesidades del yo básico y ponerlas en contexto para que tengan más sentido. Es la parte de nosotros que puede acercarse al yo consciente actual con la comprensión del yo inconsciente para crecer.

Puede que creas que el yo superior está latente en la mente, el cuerpo y el espíritu, esperando a que lo aprovechemos. O tal vez creas que el yo superior es un yo ideal que alcanzamos a través del crecimiento en el estado actual, normalmente propiciado por la guía espiritual y el pensamiento de orden superior. O puede que tus ideas se encuentren en algún punto intermedio. Lo que importa es que podemos trabajar con estas imágenes para comprender mejor el yo.

Encuentro con el yo superior: una meditación

Esta meditación implica aventurarse en el reino espiritual para conocer al yo superior tal y como lo imaginamos y, tal vez, en el proceso, obtener un poco de sabiduría a través de símbolos o mensajes espirituales.

Cuándo realizar este hechizo:
Cualquier día (el lunes es ideal)

Ingredientes/herramientas:

- Velas de pilar de color rosa claro, naranja, amarillo, blanco y verde (el número de velas depende de ti)
- Aceite de coco mezclado con hojas o corteza de sauce secas (se puede sustituir por romero)
- Cerillas o un mechero

1. Unta las velas con la mezcla de aceite.
2. Enciende las velas y colócalas frente a ti. Cada color ofrece una correspondencia específica: curación y yo interior (rosa claro), valentía (naranja), comunicación (amarillo), pureza y conexión espiritual (blanco) y fundamento (verde).
3. Mira hacia el norte y empieza a respirar lentamente. Concéntrate en tu respiración y en cómo habita en tu ser, dónde se asienta en el cuerpo. Intenta moverla del pecho al vientre y viceversa para practicar la identificación de dónde se encuentra en cada momento. Cuando empieces la meditación, sitúa esta respiración en el pecho.
4. Coloca las manos sobre los muslos o las rodillas para mayor apoyo. Imagínate junto a un seto cubierto de hiedra, zarzas, bayas y musgo. Los pájaros revolotean cerca de la verja de hierro y las ardillas buscan bellotas en el suelo. La puerta atraviesa árboles altos y ancestrales, que crecen alrededor de la puerta para acomodarla. A diferencia de otras puertas, ésta es espiritual y la tierra está de acuerdo con su presencia. Caminas a lo largo del seto, coges una zarzamora y la mordisqueas.

Mientras lo coges, oyes el crujido del arbusto, que se dobla al cogerlo y luego vuelve a su posición original. El viento se levanta y tu ropa baila. Vas a coger otra baya y te das cuenta de que el pestillo de la verja está abierto. Se mueve un poco con el viento y las bisagras hacen un ligero ruido. Lo empujas un poco para ver si te da la bienvenida, y así es, se abre con facilidad. Las raíces del roble y los zarcillos de musgo retroceden para dejar que la puerta se abra. Empiezas a caminar por el sendero de tierra.

El viento se vuelve más intenso, azota los altos árboles. Es una zona boscosa, pero no densa. Puedes oír cómo se mueve la tierra bajo tus pies. El sol del atardecer se hunde en tu piel. Llegas a un claro donde las hierbas son altas y se doblan al viento. Las nubes son un poco rosas y naranjas, ocultan el sol y luego lo exponen todo a la vez. Es un espacio liminal e invocas a este ser superior para que se una a ti, para que te encuentre y te guíe.

Es una llamada personal, no una invocación general. Debe venir de dentro y de la intuición. Expresa tu llamada en voz alta en esta meditación. Empezarás a sentir una presencia detrás de ti a medida que el viento trae a este ser hacia ti.

Este ser tiene un aspecto etéreo, con un suave ambiente blanco como aura. El pelo se agita con el viento, al igual que la ropa, pero el rostro está fijo en ti con una sonrisa cariñosa. Una sonrisa de complicidad. Este ser espera pacientemente a que empieces a pedir guía o a compartir tu historia.

5. Puedes simplemente reunirte con esta persona y aventurarte de nuevo hacia el exterior, o quedarte y pedir ayuda. En cualquier caso, cuando hayas terminado, da las gracias y vuelve por donde has venido, quizá mordisqueando una baya mientras te aventuras hacia el exterior.

Itinerario enfocado 9

Bruja cósmica

Puede que al principio no veamos inmediatamente cómo la bruja cósmica, o la bruja que se centra en los cuerpos celestes y acontecimientos astronómicos, puede encajar con el trabajo de hechizos intuitivos. Pero cuando pensamos en la intuición y en trabajar con el lado espiritual, ya sea de nosotros mismos o de otro reino, podemos ver mejor cómo sí encaja. Al fin y al cabo, la espiritualidad es comprender que hay algo más grande que nosotros y que lo más grande que hay es el cosmos. El cosmos encierra misterios de creación, de ser, de energía espiritual o de seres divinos. Son estos misterios los que la condición humana –y la bruja, en concreto– trata de comprender. Tiene sentido que busquemos en el cosmos recursos espirituales para estas cuestiones humanas.

Primeros pasos (principiante)

Para empezar en este camino, cósmicamente, miramos cerca de casa. El sol y la luna suelen ser el centro de atención de la bruja cósmica principiante y podemos utilizar estos dos cuerpos celestes como correspondencias generales. Mientras que los planetas proporcionarán intenciones más específicas, el sol y la luna ofrecen intenciones generalizadas. Sus días correspondientes son el domingo y el lunes, respectivamente.

El Sol

El sol encarna la positividad y la abundancia, la fuerza, el dinero, la fama y el logro de objetivos, ya sean empresariales o personales, el liderazgo y la prosperidad. Se representa en colores amarillo, naranja, oro y cobre, y en ricos tejidos de seda y hierbas y plantas de los mismos colores e intenciones. En el trabajo de sombras o de sanación, el sol ofrece renacimiento y rejuvenecimiento, vitalidad y energía emocional además de física. Esto se remonta a la época celta, cuando honrábamos al sol durante el Samhain, al borde del invierno, ya que su marcha significaba que era el momento de la oscuridad invernal, que simbolizaba la reflexión, el silencio y la fortaleza.

La Luna

Las intenciones de la luna son muchas: habilidades psíquicas y sueños lúcidos, adivinación, estados subconscientes y meditación, sueño, curación y más. Éstas se separan generalmente en las comprensiones de la Triple Diosa en cada uno de sus «estados». Es difícil aventurarse en la magia lunar sin referencias a la Triple Diosa, o al menos a las fases y su significado.

Imagen de la Triple Diosa de tres lunas.

Doncella: Es la luna en su fase creciente. Aprovechamos este momento para el renacimiento, la sexualidad, la valentía y el coraje, el inicio de retos difíciles y el aprovechamiento de nuestro enfoque.

Madre: Ésta es la luna en su *estado completo*. Es la plena potencia y el pleno potencial, la comodidad y el cuidado, la orientación, la protección y el amor.

Anciana: El estado de la anciana lo simboliza la luna en su *estado menguante*. La anciana simboliza la apatía de la vida y el caos que ello conlleva, pero también simboliza el amor complicado, la sabiduría, la muerte como ciclo de la vida y la conexión ancestral.

LOS PLANETAS Y SUS CUALIDADES

Podemos utilizar los planetas, sus correspondencias y símbolos en nuestra magia. Cada planeta ofrece una variedad de intenciones, el trabajo de hechizos más específico tiene un planeta que puede relacionarse con el tema. Notarás que los planetas tienen correspondencias individuales más allá de los días. Hierbas, colores, elementos y direcciones se relacionan con los planetas. Empezamos a ver la interconexión entre los tipos de brujas cuando observamos los planetas y lo que cada uno rige.

♂ Marte

Marte corresponde a la pasión, la valentía, la impulsividad, la motivación y la fortaleza. Podemos utilizar la luna creciente o el sol para completar estas intenciones. Además, realizaríamos esta magia el martes y podríamos inscribir el símbolo en cualquier vela o como parte de cualquier sigilo. Las hierbas son la pimienta negra, el nopal, el chile, el cilantro, el pino y el cardo. Los colores son rojo, naranja, marrón y negro. Marte forma parte del elemento fuego y la dirección sur es como una correspondencia adicional de Marte.

☿ Mercurio

Mercurio es el planeta de la comunicación, pero también se relaciona con la fuerza mental, la creatividad y la inspiración. Realizaríamos esta magia los miércoles. Es un planeta muy centrado en el aire, por lo que podríamos utilizar ese elemento en nuestros hechizos, así como su correspondiente dirección oriental. Las hierbas que corresponden a Mercurio son el trébol, el hinojo, el helecho, la lavanda, la melisa, la hierbaluisa y la menta. El amarillo, el morado y el naranja son sus colores correspondientes.

♃ Júpiter

Júpiter es el planeta de los negocios, ya que tiene que ver con el liderazgo y la prosperidad, por lo que puede utilizarse con el sol para asuntos relacionados con el dinero. También es el planeta de la curación y puede utilizarse en tándem con la luna. Realizamos nuestra magia los jueves para corresponder a este planeta. Las correspondencias herbales incluyen el arce, la ulmaria, la nuez moscada y el roble. Utiliza azules, verdes y morados como correspondencias de color y siéntate en la dirección sur para los asuntos relacionados con los negocios; utiliza el este para la curación. Este planeta se relaciona tanto con el elemento fuego como con el elemento agua y las direcciones más adecuadas son el sur y el este.

♀ Venus

Venus es conocido como el planeta del amor, del amor propio, de la fertilidad, del sexo, de la confianza, de la belleza y de las relaciones, pero podemos utilizar este planeta como correspondencia en cualquier magia que se refiera a una pareja o amigo con el que se relacione la magia. Las correspondencias de color del planeta son el rosa, el rojo y el azul. Deja que la naturaleza del hechizo determine la dirección que utilizas. Los hechizos de sanación relativos a una ruptura pueden utilizar las direcciones sur (finales) u este (nuevos comienzos), por ejemplo. Los viernes corresponden a Venus y, por su temática, Venus puede apelar al agua o al elemento fuego. Las plantas correspondientes son las hojas y flores de manzano, cilantro, margarita, espino blanco, prímula, rosa y vainilla.

♄ Saturno

Saturno es el planeta indicado para el destierro y su día correspondiente es el sábado (naturalmente). Usamos colores negros para este trabajo con Saturno. Debido a que desterrar puede relacionarse con cualquier tema, el trabajo de hechizos guiará el elemento y la dirección. Por ejemplo, el trabajo de hechizos relacionado con desterrar pensamientos negativos se relacionaría con el elemento aire y por lo tanto correspondería a la dirección este. Las plantas correspondientes incluyen la cola de caballo.

♅ Urano

Urano se relaciona con cambios, problemas o situaciones. Utilizamos este planeta y sus correspondencias para guiarnos a través de estos cambios, y podemos emparejarlo con otro planeta para ser más específicos. Podemos emparejar a Urano con Venus, por ejemplo, si los cambios tienen que ver con el amor. El día de Urano también es el miércoles y se corresponde con los colores azules brillantes. Las plantas se corresponden con flores y hierbas azules, como la borraja, el aciano y el pensamiento de corazón. Urano se relaciona con el elemento aire (este).

♆ Neptuno

El día de Neptuno también es viernes. Se corresponde con los sueños, la elevación espiritual, el fortalecimiento de las habilidades intuitivas y la inspiración. Todo esto tiene sentido porque Neptuno es un planeta acuático, el elemento más asociado con la emoción y el sentimiento, que se relaciona con el amor (Venus), la correspondencia del viernes. Todas las plantas acuáticas, como el iris, el alga, el alga laminaria y el loto, se relacionan con él. Los colores azul, morado y blanco corresponden a Neptuno.

♇ Plutón

Plutón puede asociarse con Saturno y a menudo es así por su capacidad de alejar los obstáculos y desterrar en aras de la renovación. El sábado es su día. También funciona con Urano porque ofrece transformación. Tiene sentido, pues, que utilicemos el negro como color correspondiente a Plutón. Plutón se relaciona con la dirección sur y con el elemento fuego por sus propiedades «desterradoras», pero también puede relacionarse con el aire por su tendencia a crear cambios y provocar renacimientos. Las plantas relacionadas son la malvarrosa, el pensamiento y la petunia.

Hechizo de té de vitalidad solar

Para saborear la magia del sol, podemos elaborar el té de vitalidad solar. Este té se prepara en un recipiente de cristal transparente y se deja reposar al sol en un caluroso día de verano. Utiliza el té que quieras, pero yo prefiero los tés negros porque ofrecen una cualidad protectora, como el sol.

Cuándo realizar este hechizo:
Domingo, a mediodía

Ingredientes/herramientas:

- Un recipiente de vidrio de 475 a 950 ml
- ¼ taza (8 g) de té negro a granel
- 3 dientes de ajo enteros
- 1 cucharada de hibisco seco
- ¼ cucharadita de canela molida
- ½ cucharadita de extracto de naranja
- Papel de aluminio, suficiente para cubrir la parte superior del recipiente y envolver el borde
- Una estopilla
- Una goma elástica

1. Llena un recipiente de cristal (de 475 a 950 ml) casi hasta arriba con agua y añada el té, los dientes de ajo, el hibisco, la canela y el extracto de naranja. Remueve en sentido deosil (el sentido de las agujas del reloj).
2. Cubre el recipiente con papel de aluminio y colócalo en un lugar soleado durante al menos 4 horas.
3. De vez en cuando, retira el papel de aluminio y remueve el té. Encántalo removiéndolo 3 veces en sentido deosil (el sentido de las agujas del reloj) mientras dices: «Infundido con vitalidad. Aumento de la longevidad. Aumento de energía por ronda de tres».
4. Toma un sorbo de vez en cuando para probar la fuerza del té, añadiendo ingredientes si lo deseas.
5. Cuando esté listo, retira el papel de aluminio y sustitúyelo por una estopilla sujeta con una goma elástica. Cuela la mezcla. Si lo prefieres, utiliza una prensa francesa o un colador de malla fina.

Días de la semana

Los planetas también gobiernan los días de la semana, como hemos aprendido con sus descripciones, por lo que podemos añadir aún más significación utilizando esos días designados para determinar el momento de nuestros hechizos. Naturalmente, esto significa elegir el día más relevante, pero podemos ir un poco más allá. Las brujas pueden trabajar con la misma intención pero en días diferentes para provocar distintos elementos de cambio. Por ejemplo, en un hechizo de amor, podemos usar el lunes para aprovechar sentimientos dormidos o deseos ocultos, el miércoles para comunicar esos sentimientos y el viernes para fortalecer nuestro apego y conexión consciente con nuestras parejas. Aunque podríamos hacer todo el hechizo en un día, tiene sentido repartirlo para añadir las correspondencias de los días y sus regentes planetarios.

Hechizo de comunicación con Mercurio

Este hechizo será personal, ya que el propósito detrás de la necesidad de uno de comunicarse, así como las emociones, es en cada uno diferente. El siguiente es un hechizo de comunicación que puedes personalizar si quieres hacerlo más especifico a tu situación.

Cuándo realizar este hechizo:
Miércoles, a mediodía

Ingredientes/herramientas:

- Herramienta de inscripción, como una espina o una aguja
- 2 velas de pilar, amarillas o naranjas
- Agua de luna llena o luna creciente (agua que se infundió de energía a la luz de la luna durante cualquiera de estas fases)
- Un plato
- Sal o arena
- Un cordel
- Cualquier artículo personalizado de la persona con la que desea ponerse en contacto

Símbolos de amor, como un cuarzo rosa o rosas, o símbolos de amistad, como colores rosas, margaritas o zinnias (opcional)
Cerillas o un mechero
Pluma de ganso

1. Inscribe el símbolo del mercurio en las velas (*véase* la página 143).
2. Frota agua de luna en este símbolo en ambas velas.
3. Cubre el fondo de un plato con suficiente sal o arena para que las velas queden bien sujetas.
4. Ata las velas con un poco de cordel, a ser posible por el centro. Colócalas en la sal o la arena, asegurándote de que estén firmes y estables.
5. Inscribe las iniciales de la persona a la que deseas hablar en una vela y tus iniciales en la otra. Si tienes algún objeto que represente a la otra persona, colócalo cerca de su vela.
6. Si lo deseas, y en función de la relación, coloca cerca de la vela un cuarzo rosa (parejas, cónyuges) o una margarita (amigos).
7. Enciende primero tu vela y luego la otra. Con una pluma de ganso, difunde el humo y juega con la llama para mover las energías hacia arriba, ya que el elemento aire ofrece comunicación y movimiento. Mientras lo haces, di: «Alas del pájaro que hizo sonar la alarma, mientras los perros dormían. Te pido que toques el hombro de [nombre de la persona] para recordarle los lazos que debe mantener».
8. Deja que las velas ardan e imagina que llegan mensajes o llamadas telefónicas. Toma nota de las velas y de cuál arde primero, cuál hace saltar la chispa, etcétera. Son indicadores del estado de esa relación. Interpreta intuitivamente.

BRUJERÍA CÓSMICA INTERMEDIA

Para la magia del cosmos de nivel intermedio, miramos más allá de los cuerpos celestes más cercanos a nosotros y nos aventuramos a ver cómo los otros planetas pueden cargar y afectar de otro modo nuestras herramientas, los movimientos planetarios y sus interacciones entre sí, así como los acontecimientos astronómicos, como los eclipses. Todo esto lo estudian a fondo quienes profundizan en los matices de la astrología y la astronomía, incluyendo cómo nos afectan a diario y cómo podemos aprovechar esa interacción entre el yo y el cosmos para crear magia.

Los signos astrológicos individuales desempeñan un papel aquí; también tienen regentes planetarios. De este modo, si somos Virgo (regido por Mercurio), podemos inscribir nuestro símbolo planetario en una vela azul para aliviar los sentimientos de estrés y evocar sentimientos de tranquilidad. En esta etapa, nos fijamos en la interconexión del cosmos con la bruja de la naturaleza, ya que cada planeta y signo astrológico encaja con un elemento que habla no sólo de la naturaleza de quienes están bajo ese signo astrológico, sino también de aquello en lo que pueden querer centrarse para alcanzar el equilibrio espiritual.
Por ejemplo, un Virgo puede pertenecer al elemento tierra, que rige la objetividad y el pensamiento racional. Pero para Virgo, cuya naturaleza es muy detallista y, tal vez, un poco nerviosa, el elemento tierra no es tanto una descripción de la persona como un indicador de lo que necesita para encontrar su equilibrio.

Signos astrológicos y sus correspondencias

SIGNO	FECHAS DE NACIMIENTO	PLANETA	ELEMENTO
♈ Aries	21 de marzo-19 de abril	♂ Marte	🜂 Fuego
♉ Tauro	20 de abril-20 de mayo	♀ Venus	🜃 Tierra
♊ Geminis	21 de mayo-21 de junio	☿ Mercurio	🜁 Aire
♋ Cáncer	22 de junio-22 de julio	☽ Luna	🜄 Agua
♌ Leo	23 de julio-22 de agosto	☉ Sol	🜂 Fuego
♍ Virgo	23 de agosto-22 de septiembre	☿ Mercurio	🜃 Tierra
♎ Libra	23 de septiembre-23 de octubre	♀ Venus	🜁 Aire
♏ Escorpio	24 de octubre-21 de noviembre	♇ Plutón	🜄 Agua
♐ Sagitario	22 de noviembre-21 de diciembre	♃ Júpiter	🜂 Fuego
♑ Capricornio	22 de diciembre-19 de enero	♄ Saturno	🜃 Tierra
♒ Acuario	20 de enero-18 de febrero	♅ Urano	🜁 Aire
♓ Piscis	19 de febrero-20 de marzo	♆ Neptuno	🜄 Agua

Carga celestial

Al igual que el sol y la luna, los demás cuerpos celestes pueden cargar nuestras herramientas, aguas y demás objetos. Podemos hacerlo de varias formas: añadiendo correspondencias herbales a esos planetas, colocando las herramientas cuando el planeta es visible o eligiendo el día asociado al planeta para cargar los objetos.

Hechizo de Saturno para cargar piedras de destierro

Utiliza este amuleto cuando quieras desterrar sentimientos negativos.
Aquí, estamos cargando una piedra con la energía del día de Saturno (sábado) y la Luna para una correspondencia celestial óptima.

Cuándo realizar este hechizo:

Sábado, a cualquier hora (a las 18:00 o 22:00 es ideal)

Ingredientes/herramientas:

- 3 trozos de cinta de media pulgada (12 mm) de grosor o tela negra y morada (cualquier proporción es buena: dos moradas y una negra, por ejemplo)
- Clavo de hierro
- Vela negra
- Piedra apache cargada en agua de luna menguante
- Cerillas o un mechero

1. En un extremo de cada una de tus cintas o telas de colores, dibuja con el clavo el símbolo de Saturno (*véase* la página 144).
2. Enciende la vela y utiliza su cera para fijar las tres cintas, por los extremos sin los símbolos, a la piedra apache.
3. Enrolla las cintas alrededor de la piedra al mismo tiempo. Mientras lo haces, di: «Los vientos se fueron al sur y yo también. Destierro el alquitrán que me ahoga. La pesadez que se asienta en el pecho, esto lo omite. Mientras, estos hilos se abren paso a mi alrededor».
4. Repite la operación hasta que los hilos rodeen toda la piedra.
5. Una vez hecho esto, coloca la piedra bajo la luna menguante hasta que sea luna nueva. Ahora la piedra está cargada por la luna y el día para tener más poder de destierro.

Combinando tu magia celestial

Ahora que vemos cuántas correspondencias se entrelazan, podemos empezar a conectarlas, a sumarlas. Podemos, por ejemplo, combinar nuestro signo astrológico, así como el signo de otras personas que desempeñan un papel en nuestro hechizo (para el amor, puede ser nuestra pareja, o para los negocios, puede ser nuestro jefe), con el signo astrológico de un planeta que se relacione. Estos signos, entonces, pueden figurar en una vela de color correspondiente al elemento que necesitamos invocar. Para ello, podemos prever un día que corresponda a los planetas que queramos invocar. Hay mucho que asimilar y también muchas posibilidades. Aunque no hay una agrupación correcta o incorrecta de correspondencias, queremos considerar tantas como sea posible.

Quizás, por ejemplo, queremos comunicarnos con otra persona y entonces podemos utilizar Mercurio para saber qué día y qué símbolo utilizar. Pero también podemos querer utilizar la luna como símbolo si, en cambio, son secretos lo que queremos compartir o Neptuno si lo que deseamos comunicar es difícil de decir. Se pueden también utilizar los tres. Verás cómo el uso de los tres ayuda realmente a especificar la intención.

Hechizo celestial de curación

Podemos utilizar los poderes de Neptuno, Urano, Plutón y la luna, en un hechizo algo más complejo, para que nuestra intuición nos guíe a través de cambios imprevistos y dolorosos y podamos sanar. En este hechizo, combinamos los cuerpos celestes asociados con la curación, la transformación, la emoción y la intuición, así como nuestro propio ser cósmico, para encontrar un camino para salir del dolor.

Cuándo realizar este hechizo:

Jueves, a las 20:00

Ingredientes/herramientas:

- Punta de cuarzo rosa, utilizada como herramienta de inscripción
- Cinco velas: plateada, negra, morada, azul, blanca
- Cerillas o un mechero

1. Con la punta de tu piedra de cuarzo rosa, dibuja los siguientes símbolos cósmicos en sus respectivas velas: inscribe el símbolo de la luna en la vela plateada; el símbolo de Plutón en la vela negra; el símbolo de Urano en la vela morada; y el símbolo de Neptuno en la vela azul (*véanse* páginas 142-145). Para la vela blanca, escribe tu nombre o utiliza el símbolo de tu signo astrológico (*véase* la página 151).
2. Coloca las velas alrededor de la blanca en las siguientes direcciones: la vela azul (Neptuno) en dirección oeste; la vela negra (Plutón) en dirección sur; la vela morada (Urano) en dirección este; y la vela plateada (Luna) en dirección norte.
3. Enciende primero la vela plateada de la luna y úsala para encender la vela morada de Urano. Mientras lo haces, afirma: «La Madre Luna y el Padre Tierra guían la intuición, porque el cambio ha llegado y no es deseado, y estoy necesitando una solución».
4. Utiliza la vela morada de Urano para encender la vela negra de Plutón. Mientras lo haces, di: «La transformación toma las riendas, pero el viaje no encuentra dificultades. Llego al otro lado sabio y aún no entumecido».
5. Utiliza la vela negra de Plutón para encender la vela azul de Neptuno y, mientras lo haces, di: «Tan oscuro como el cielo cuando llega la noche, miro hacia lo celestial. Sanaré. Sentiré. Un peso se levantará. Gracias al ancestral cósmico».
6. Utiliza la vela de Neptuno, manteniendo las energías de cada vela delante de ella, para encender tu propia vela blanca en el centro. Repite: «Sanaré. Voy a sentir. Levantaré el peso. Gracias al ancestral cósmico».
7. Deja que las velas ardan hasta que se apaguen.

Itinerario enfocado 10

Bruja de las sombras

La brujería de las sombras es un término cargado de significado. Suele aparecer durante el otoño y el invierno, cuando las estaciones se adormecen y la gente se refugia del frío. En este estado de reclusión, tendemos a reflexionar sobre nosotros mismos y a fijarnos en los patrones de comportamiento y los hábitos mentales que tienden a perjudicarnos o a entorpecernos más que a ayudarnos.

Pero, ¿qué es la brujería de las sombras? Para empezar, tenemos que entender qué es el yo en la sombra (o «la sombra», directamente), un concepto esbozado por el psicólogo Carl Jung. El yo en la sombra es la o las partes del yo que ocultamos o atemperamos, es decir, rasgos y hábitos negativos y partes del yo que sabemos que son socialmente inaceptables. Pero las sombras incluyen mucho más que eso; son recuerdos y experiencias pasadas que actúan como un filtro o lente y que utilizamos para ver el mundo e interpretar las acciones e intenciones de los demás y del yo. Las sombras también incluyen los deseos básicos que no están del todo moldeados por el contexto social ni regulados por las emociones o los que son animales: ira, celos, venganza, sexo, etcétera.

Cuando tomamos conciencia del yo en la sombra e intentamos integrarlo en lo que somos actualmente, alcanzamos la iluminación y la comprensión. La bruja de las sombras utiliza esta comprensión en hechizos relacionados con encontrar y hablar con la sombra, desenterrar sentimientos y pensamientos reprimidos, aceptar ese lado del yo e integrarlo en una comprensión general del yo. Como podrás imaginar, no es tarea fácil.

Primeros pasos (principiante)

La magia de sombras tiene un punto de iniciación, pero es una de las prácticas más realmente intermedias del oficio porque es mucho lo que pone en juego. Al fin y al cabo, estamos trabajando con residuos del pasado y del presente, con las lentes que utilizamos para percibir el mundo que nos rodea y las personas que lo habitan, con los hábitos y las naturalezas humanas que nos hacen falibles, defectuosos e inconstantes. No es una empresa fácil y rápida. De hecho, cualquier viaje a las sombras es peligroso, sobre todo para quienes padecen ansiedad y depresión. Podemos acceder a traumas y desencadenarlos, afectando así

a nuestro bienestar mental. El trabajo con las sombras requiere una gran intuición: intuición para saber cuándo está bien explorar un tema delicado; intuición para saber cuándo debemos dejar de aventurarnos en un recuerdo.

El sentido de uno mismo y de nuestras energías sutiles debe ser fuerte antes de comprometernos, por lo que se recomienda realizar exploraciones corporales y trabajar en el desarrollo de la intuición antes de empezar a trabajar con sombras.

Sé cuidadoso: podemos evocar falsos recuerdos si intentamos aventurarnos en el pasado para recordar acontecimientos. Y podemos confundir estos recuerdos con memorias reprimidas y creer que son reales. Ésta es otra razón por la que el trabajo en la sombra es peligroso: podemos causar más daño que bien a nuestra psique. Algunos viajes se hacen incluso mejor con la guía de profesionales y de la medicina moderna y no pasa nada por ello. Podemos apoyar nuestros viajes, pero no queremos empeorarlos. Antes de adentrarte en tus sombras, pregúntate si te hará más daño que bien y escucha a tu intuición.

Magia de las sombras

La magia de las sombras puede adoptar muchas formas, desde meditar en un espacio seguro, incorporar posturas de yoga relajantes a los hechizos o realizar hechizos de destierro para deshacerse de los malos hábitos. La forma depende de nuestro objetivo. El mejor punto de partida es abrirse a las sombras, para poder verlas a través de una lente objetiva en lugar de una cargada emocionalmente.

Hechizo para abrirse a las sombras

Este hechizo simplemente pide que cuando las emociones o los recuerdos desencadenan sentimientos intensos o profundos, demos un paso atrás y obtengamos una visión del yo superior sobre lo que realmente está pasando. Aunque no todos somos psicólogos, podemos empezar a reconstruir los porqués de nuestras acciones mirándolas objetivamente.

Cuándo realizar este hechizo:
Viernes o sábado, a cualquier hora

Ingredientes/herramientas:

- Bandeja de horno
- Papel para horno
- Tomillo, eucalipto o romero secos
- Rosas secas
- 5 velas, azules o negras
- Aceite portador de onagra con infusión de cuarzo ahumado
- 5 portavelas, para sostener las velas que hayas elegido
- Sal gris
- Esfera de selenita

1. Forra una bandeja de horno con papel para horno.
2. En la bandeja preparada, combina las hierbas y las rosas.
3. Utilizando guantes, cubre las velas con el aceite y pásalas por la mezcla de hierbas y rosas.
4. Coloca las velas en los portavelas y disponlas en círculo.
5. Con la sal, forma un círculo para unir cada vela.
6. Sujeta tu esfera de selenita por encima de las velas y, moviéndote en sentido deosil (el sentido de las agujas del reloj), empieza a aumentar la velocidad a medida que giras la mano alrededor de la circunferencia del círculo.
7. Mueve lentamente la mano hacia arriba, formando un cono (piensa en ello como un tornado invertido) a medida que avanza.
8. Deja que tu respiración acompañe el aumento de velocidad de la mano. A medida que mueves la mano hacia arriba, la respiración se hace más pesada, más rápida. Éste es tu poder de construcción.

9. Al exhalar, imagina que la respiración es absorbida por la fuerza y el movimiento de la mano. En esencia, tu respiración está siendo «absorbida» por este tornado.
10. Al llegar a la punta, susurra:

    «Atravieso el seto y abro la puerta de hierro.
    Me adentro en las sombras construidas hace tiempo.
    Dímelo. Di tu nombre.
    Ven a través de las zarzas y comparte las historias que te solidificaron a mí.
    Y en este espacio de seguridad y cuidado, puedes hablar a través de mí».

11. Si la sombra desea hablar en este momento, es posible que sientas algunas emociones nuevas, impulsivas o «fuera de lugar», que pueden resultarte sorprendentes. Es la sombra que habla a través de los sentimientos. ¿Hay recuerdos asociados a estos sentimientos? ¿Sentimientos, como latidos del corazón acelerados? Toma nota de cualquier cosa que experimentes. Si no notas nada, no pasa nada; simplemente estamos abriéndonos a la sombra y dándole espacio.
12. Deja que las velas se consuman. Sostén esta esfera de selenita cuando intentes hablar con el yo sombra de nuevo, ya que sostiene este poder y corresponde ahora a este hechizo de apertura.

BRUJERÍA DE SOMBRAS INTERMEDIA

El trabajo de sombras intermedio puede significar aventurarse más en las sombras para encontrarse con los matices del yo, con más recuerdos, más sentimientos negativos ocultos o con resentimientos. Al fin y al cabo, el yo en la sombra es tan complejo como el yo consciente. Pero al hacer este trabajo, descubrimos que el yo en la sombra puede sentirse un poco expuesto, así que podemos mostrar un poco de gratitud por su duro trabajo.

La magia del yo

La base del trabajo de sombras es la curación del yo. En última instancia, queremos utilizar esta magia para alcanzar algún tipo de paz o iluminación mediante el reconocimiento y el trabajo, o al menos la aceptación, de nuestras sombras. Esta curación puede consistir en rápidas afirmaciones de confianza mientras sostenemos una piedra o en hechizos de curación elaborados en los que pedimos encontrarnos con nuestro yo superior. Sean cuales sean los métodos, el objetivo es cuidar de uno mismo.

El vínculo de la sombra: la unión de los yoes

Utiliza este hechizo para reconocer y honrar la sombra como parte del yo. Si este acto se siente como una «carga» en lugar de un momento de «autoayuda» y compasión hacia el yo, no realices el hechizo.

Cuándo realizar este hechizo:
Jueves, al atardecer

Ingredientes/herramientas:

- Un plato
- Sal o arena
- Una vela blanca
- Una vela negra
- Hilo, preferiblemente blanco, morado o marrón
- Cerillas o un mechero

1. Cubre el fondo del plato con suficiente sal o arena para que las velas queden bien sujetas.
2. Junta las velas y átalas con el hilo. Enrolla el hilo alrededor de las velas, en sentido deosil (el sentido de las agujas del reloj), 9 veces. A continuación, coloca las velas en el plato, asegurándote de que estén firmes y estables.
3. Enciende las velas y, mientras ambas arden juntas, mezclándose sus ceras hasta consumirse completamente, afirma:

> «El viaje es mío, pero también tuyo, la mano que guía mis pensamientos.
> Me aventuro hacia dentro para salvar el yo que siento olvidado.
> Un cordial lazo, a través de la vida, mantenemos, y en él está mi fe,
> pues a través de esta atadura, ambos juntos, nos curamos a nuestra manera».

Magia ritual

Los rituales son un poco más complicados que los hechizos normales. Es probable que impliquen «llamar a los cuartos», ritual consiste en pedir a los elementos que se unan a ti y te protejan, además de añadir su poder al tuyo, si así lo desean. Un ritual también puede implicar el lanzamiento de un círculo protector.

Aunque siempre se recomiendan los círculos, o al menos algún tipo de protección, los lanzamientos de círculos ofrecen una declaración rotunda de que el espacio está abierto pero protegido y que sólo puede atravesarlo aquello que se desee que lo atraviese. Y aunque los rituales pueden esperarse más de la bruja de las sombras más experta, estos rituales son muy comunes en cualquier trabajo de hechizos en el que la bruja quiere asegurarse de que tienen protección, bendiciones y apoyo.

Llamando a los cuartos

Utiliza este ritual cuando quieras pedir a los elementos que te ayuden en tu trabajo de hechizo, especialmente en trabajos duros en los que es bueno contar con apoyo espiritual. Como aprendimos en el capítulo 4, cada elemento corresponde a facetas útiles del ser. El agua corresponde a la apertura de las emociones; el fuego nos da la valentía para hacerlo; la tierra ofrece conexión con la tierra; y el aire aporta comodidad en el cambio. Así que tiene sentido que, al realizar un trabajo de hechizos emocionalmente intenso, llamemos a los elementos para que nos ayuden con sus mejores rasgos. No estás limitado al trabajo de sombras cuando llamas a los cuartos. Haz este ritual con cualquier hechizo para el que necesites poder adicional y apoyo espiritual.

Cuándo realizar este hechizo:

Inmediatamente antes de realizar un hechizo

Ingredientes/herramientas:

- Sal
- Ofrendas de tu elección
- Un plato de altar
- Aceite de tu elección
- Cerillas o un mechero

Vela de altar

Paquete de limpieza de humo de tu elección

Sales, hierbas o piedras adicionales de tu elección

1. Con la sal, forma un círculo protector donde estés.
2. Coloca las ofrendas a lo largo del círculo en las direcciones apropiadas para los elementos (oeste: agua; sur: fuego; este: aire; norte: tierra).
3. Sitúate en un espacio tranquilo delante del círculo o, dependiendo de su tamaño, dentro de él. Canta en voz baja lo siguiente:

   «La tierra engendra su generosidad,
   las semillas se siembran,
   y como es arriba, es abajo.
   El aire subirá, faldeará y soplará,
   y como arriba, es abajo.
   El fuego respira, sus brasas brillan,
   y como arriba, es abajo.
   Las mareas del agua, fluyen y refluyen,
   y como es arriba, es abajo».

4. Llena un plato de altar con aceite. Mira hacia el oeste, sosteniendo el plato de aceite hacia el cielo, y di: «Oeste, guardián de las mareas, facilitador del crecimiento, regidor de las emociones y del flujo psíquico, te invoco».
5. Enciende la vela del altar. Mira hacia el sur, sosteniendo la vela hacia el cielo, y di: «Sur, guardián del calor y del fuego, y llama de la valentía, la abundancia, la prosperidad y la fama, te invoco».
6. Enciende el haz de limpieza de humo y, sosteniéndolo, mira hacia el este y di: «Este, el niño del viento, la madre del aliento, la portadora de los comienzos tras la coacción, te invoco».
7. Mientras sostienes las sales, hierbas o piedras, mira hacia el norte y di: «Norte, pilar de la fertilidad y la fuerza, de enraizar el centro y renovar mi fe, te invoco».
8. Si no estás allí ahora, pasa al centro del círculo para invocar al Espíritu. Levanta las manos y di:

   «Invoco al éter,
   lo divino ancestral,
   el guardián espiritual
   de los secretos de la vida.

Lo que fomenta más allá,
lo que conjura más abajo,
invoco al espíritu
para quien este círculo ha sido creado».

9. Ahora, realiza cualquier hechizo para el que desees o necesites el poder añadido de los elementos. El llamar a los cuartos es a tu hechizo como el pan es al bocadillo: protege el foco principal, el hechizo.
10. Cuando termines con tu hechizo, cierra el círculo diciendo:

«Cierro este círculo, el hechizo ha cesado.
Es hora de bailar, de jugar, de festejar.
Agua, tierra, humo y llamas,
podéis volver de donde vinisteis.
Entidades, espíritus, cualquier ser ahora atado,
os expulso de este espacio sin trabas.
Mis hermanas, mis antepasados,
mis miembros están encendidos,
vuestros espíritus corren a través de mí;
os dejo encendidos».

Magia de luna oscura

La luna simboliza los secretos, como te dirá el tarot. Simboliza el subconsciente y los sentimientos más profundos. También es la soberana de las mareas, por lo que está directamente relacionada con el elemento agua, que también se corresponde con las emociones, los sueños, el subconsciente, la curación, la intuición, la adivinación y las habilidades psíquicas. Por ello, buscamos en la luna, sobre todo en su estado «oscuro» o anciano, apoyo para el trabajo en nuestras sombras.

El trabajo en la sombra, como ya hemos explorado, es el que realizamos en los meses de invierno, cuando la tierra se adormece y vuelve a sí misma. Es una época de soledad y reflexión, de examinarse y deshacerse de lo que no nos ofrece gran cosa. Por ello realizamos hechizos que promueven la autorreflexión, la curación, la superación de la ira, el destierro de ciertos hábitos o de la negatividad de nuestras vidas.

Atrayendo a la luna

El ritual de atraer a la luna procede de *The Grimoire of Lady Sheba*, un libro de 1972, y del libro de Janet y Stewart Farrar *Eight Sabbats for Witches* (1981). Aunque puede que este ritual no sea tan antiguo como hubiéramos podido pensar, el acto de posesión o de ser tomado por una deidad que está controlando el cuerpo es una práctica muy antigua.

Atraer a la luna no es una hazaña fácil. En lugar de invocar a la luna para que nos apoye y guíe, el acto de «atraer» es un acto posesivo, en el que se pide a la deidad lunar que habite el cuerpo y controle o influya en pensamientos. Existen muchos rituales para enseñar a atraer a la luna. Como cualquier ritual común, ha sido revisado y alterado para adaptarse a gustos personales y más. No hay una forma «correcta» de atraer la luna.

Algunos rituales requieren de dos personas, una para guiar y otra para ser «poseída»; otros incluyen ciertas estructuras y sólo a miembros superiores de un grupo. Para el ritual, recuerda estas tres cosas:

1. Crea un lugar de protección y poder.
2. Sé explícito sobre lo que pides a la deidad.
3. Ofrece algún tipo de ofrenda como agradecimiento.

Si vas a realizar este ritual solo, te sugiero que utilices algún tipo de música para ayudarte a entrar en la experiencia, que es lo que habría hecho la persona adicional.

Cuándo realizar este hechizo:
Lunes, a medianoche cuando la luna está menguando

Ingredientes/herramientas:

- Sal negra
- Ofrendas de plumas, piedras lunares, cuarzo ahumado, cuarzo rosa, cuarzo normal
- Un cuaderno y un bolígrafo
- Una vela gris gruesa
- Las aguas de todas las lunas (creciente, llena, menguante)
- Cerillas o un mechero
- Música de trance (opcional)

1. Siéntate en dirección oeste y crea un círculo de sal negra a tu alrededor (ésta sería la opción ideal) o en el espacio de tu altar.
2. Coloca tus ofrendas en el centro del círculo, así como el cuaderno y el bolígrafo. Pon música.
3. Unge tu vela con las aguas, en orden de doncella a madre y a anciana (*véase* página 142), empezando por el centro de la vela y siguiendo hacia abajo, y luego empezando por el centro y siguiendo hacia arriba, girando la vela en sentido deosil (el sentido de las agujas del reloj) a medida que avanzas.
4. Coloca la vela en el centro del círculo y enciéndela.
5. Ponte cómodo y cierra los ojos. Levanta las palmas de las manos. Respira lentamente. Canta: «Estas venas de tierra llevan el nombre de la madre».
6. Canta hasta que sientas una sensación de calor en el cuerpo. Abre los ojos y mira fijamente la llama de la vela. Repite el canto, pero cada vez más alto, levantando las manos cada vez más arriba a medida que aumentas el volumen de tu voz. Cierra los ojos. El truco de este hechizo es permanecer completamente concentrado en el hechizo que verás a continuación, mientras te concentras también en tu cuerpo, visualizando esa sensación de calor flotando a lo largo de la línea de sangre y en cada apéndice. Afirma:

«En lenguas paganas, busqué el sol,
me arrastré y fui a buscarla.

Tropecé en la oscuridad, solo, en su dureza
hasta que vi a madre erguida, con sus fases a su lado.
Entra en mí, respira desde los pulmones que,
con el tiempo y la edad, pasarán.
Mezcla la sangre con alma conjurada,
que, a mi muerte, perdurará.
Te acojo. Te alimento.
Te acojo. Te alimento.
Te acojo. Te alimento.
Yo soy el recipiente».

7. Repite la última línea tantas veces como sea necesario. Imagina zarcillos grises de humo saliendo de la boca y aventurándose hacia el exterior. Concéntrate en la llama para ver si se produce algún movimiento.
8. Desde aquí, siéntate contigo misma, en lo más profundo del pecho. Imagínate tal y como estás sentada, pero en el cuerpo. Coge el bolígrafo y prepárate para escribir, cerrando los ojos mientras lo haces. Puede que te sientas inclinada a escribir ciertas palabras o a dibujar símbolos. Anota en el papel todo lo que te venga a la mente.
9. Cuando termines, cierra el hechizo diciendo:

«Del pecho al nido materno,
la luna, en todas sus fases,
se aventura y toma su sangre,
la mía propia la sustituirá ahora.
En las venas, el goteo más profundo,
se escurre entre los dedos y se va,
se refugia en las mareas de la noche,
y conjura un sueño reparador.
Libero el conjuro.
Yo soy yo mismo.
Ninguna entidad la reemplazará.
Éste es mi recipiente».

10. Deja que la vela se apague y respira lentamente para volver a tu interior. Concéntrate en tu respiración.

CAPÍTULO 7

BRUJAS ECLÉCTICAS Y DE NICHO

A estas alturas, probablemente ya hayas identificado muchas facetas de la brujería que te gustaría incorporar a tu práctica. Muchas brujas toman de aquí y allá de lo diferentes tipos de brujería, añaden hechizos basados en conexiones personales con regiones o linajes, incorporan un poco de tradición que les interesa y experimentan con diferentes elementos porque, en fin… ¿por qué no? Es entonces cuando nos damos cuenta de que hay elementos de distintos tipos de brujería que parecen esenciales para hacer hechizos. Elementos que tiene sentido que añadamos a nuestra práctica o no, dependiendo de nuestra comprensión de cómo exactamente se manifiestan las cosas o de cómo conectamos con los espíritus. Entender dónde se asienta la energía en el cuerpo para poder moverla requiere un poco de práctica de brujería intuitiva. Tal vez los hechizos de hogar encajan con tus intereses y estilo de vida, pero te gusta la idea de empezar un jardín y trabajar con la antigua tradición de las plantas y los hechizos del tiempo. Bienvenido entonces a la brujería ecléctica.

Podemos argumentar que, en la época contemporánea, las prácticas de brujería a menudo incluyen combinaciones de los diferentes tipos que hemos tratado en este libro. Y, como comentamos en el capítulo 3, a medida que pasa el tiempo, la brujería presente en las regiones y en las tradiciones se funde en función de las necesidades generacionales, la disponibilidad de recursos, etcétera. En definitiva, la brujería evoluciona y cambia por diversas razones. Como resultado, podemos considerar que una buena parte de la brujería que se practica hoy en día es ecléctica o proviene de una gran variedad de creencias y tradiciones.

Por eso terminamos nuestro libro con este capítulo y hablamos de las cuestiones inherentes a etiquetar nuestra brujería. Determinar «tipos» de brujería es útil para desglosar y clarificar los abstractos e innumerables enfoques de esta práctica ancestral. Si no lo organizáramos todo un poco, la cantidad de información sería abrumadora, especialmente para un principiante. Sin embargo, no es ideal encasillarse en un camino concreto, porque en esta elección intervienen muchas facetas del ser: quiénes somos en cada momento, dónde vivimos, qué nos interesa, qué aprendemos sobre nosotros mismos, adónde nos lleva la vida, etcétera. Y por ello, entendemos que muchas brujas incorporan trozos de diferentes caminos para configurar su brujería de nicho única, su marca personal, en otras palabras.

Esto también depende de la comprensión de cada uno. Por ejemplo, volvamos a la brujería de cabaña, una parte de la magia de la naturaleza. Lo que la brujería de cabaña significa para una persona puede ser diferente para otra. Mucha gente asocia la brujería de cabaña con el hogar y la magia cotidiana. Pero algunas brujas de cabaña consideran que el jardín juega un papel esencial en la magia de la naturaleza, pues se basan en la definición tradicional de la cabaña: un pequeño espacio vital con un jardín que sustenta a la familia. Para esta persona, la bruja de cabaña se define por tener un gusto por todo lo verde.

No es ningún secreto que la brujería es una práctica inherentemente subjetiva. Se basa en tu interpretación de los signos espirituales y la energía, en tu comprensión de ti mismo y tus objetivos, y en palabras muy personales escritas como hechizos para tus situaciones, entre otras cosas. Esta subjetividad implica que las líneas entre cada tipo de brujería son borrosas… y no hay manera de evitarlo. Incluso la bruja que quiera practicar sólo la brujería escocesa del siglo XIX encontrará que ese tipo de magia, es un resultado del cambio y la transformación provocada por los humanos, que son seres subjetivos.

No hemos estructurado este libro solamente para facilitar que cumpla con su objetivo principal de ayudarte a encontrar tu camino, sino también para ayudarte a entender lo que hace a la bruja intermedia verdaderamente «intermedia»: el cultivar poco a poco su camino, su nicho, basándose en sus conocimientos, su visión de sí misma y su viaje espiritual. Sí, la brujería intermedia puede incluir hechizos más intrincados, habilidades perfeccionadas y un trabajo más difícil, pero no es cuestión de blanco o negro. Nos exige ir más allá de las definiciones e intentar encontrarnos en una de ellas. Nos pide que aceptemos la ambigüedad del viaje espiritual y que forjemos nuestro camino individual hacia la iluminación y el encantamiento.

Brujería nicho

Así pues, la brujería nicho es el tipo de magia más personal, una fusión de lo que quieres que sea tu viaje espiritual y tu hechicería. ¿Y qué tiene la brujería de nicho? Pues quizá una combinación de buena parte de la brujería tradicional de una determinada región, con el trabajo de las sombras y el elemental para la curación del ser espiritual y físico; o tal vez combinado el tener una botella de protección que se siente en el alféizar de la ventana de tu cocina, hecha con cristales, tejidos y símbolos planetarios. Muchas brujas llegan a este tipo de artesanía, a esta práctica «nicho» personalizada, probando e interesándose por diferentes tipos de brujería y, en ocasiones, acaban algo confundidas, paralizadas y sin saber cómo avanzar, y detienen su viaje brujeril. Esa era yo.

Cuando tenía catorce años, conseguí mi primer Libro de las Sombras y un juego de cartas de tarot de hadas. Ese Libro de las Sombras se acabó convirtiendo en mi mayor pesadilla como bruja. Me encontraba continuamente volviendo a él, pero por frustración. Anotaba información –correspondencias de colores y fases lunares, según me decían que hiciera– pero descubrí que, a medida que avanzaba en mi camino, esas partes carecían de sentido, porque me las sabía de memoria. Ya no me reconocía en este Libro de las Sombras. Parecía ver ahí una versión anterior de mí como bruja. Nota al margen: Esta es la inevitabilidad de un Libro de las Sombras, porque cuando escribimos información, inevitablemente, la recordamos, haciendo que el libro quede obsoleto. Arrancaba páginas y empezaba de nuevo. Mis elecciones de diseño cambiaban, así que odiaba aquellas páginas que necesitaba por cómo se veían. Quitaba partes que no me interesaban demasiado, como tener una tabla de correspondencias planetarias con las horas del día. Simplemente no era para mí. Y esto me llevó a hacer una pausa en mi viaje. ¿Qué practicaba yo realmente? ¿Las brujas no incorporan los planetas? ¿Y si no quiero trabajar con deidades o espíritus? ¿Qué define a una bruja?

Encontrar estas respuestas requiere que la bruja comprenda la subjetividad de la brujería, en su definición, como en su práctica y sus practicantes, en su historia y sus tipos. Y así llegamos a la vieja y fiable respuesta para todo: depende. Depende de lo que quieras. Depende de lo que creas que significa la brujería. Depende de lo que quieras que sea tu camino. Es esa ambigüedad lo que define a la brujería intermedia y sólo cuando entendemos esto podemos pasar a esa fase.

Nunca terminé ese libro. Todavía lo tengo, pero está vacío, como un recordatorio de que intentar definirme a mí misma y documentar mi constante evolución era un proyecto que estaba condenado al fracaso. Nunca iba a ser feliz porque siempre iba a estar creciendo. Para ti, un Libro de las Sombras puede ser un recurso fácil y un símbolo de tu identidad bruja. Es un registro de tu camino nicho que luego podrás transmitir.

Es probable que las brujas de nicho pasen a escribir su propia magia en lugar de confiar en libros y hechizos tradicionales de antaño. Quieren crear palabras que encajen con las imágenes, la estética, la sensación y el objetivo de su magia. Las brujas de cabaña se referirán a adoquines, setos, matorrales y más, mientras que la bruja cósmica describirá la danza entre planetas en un poco de poesía cerosa utilizada en el hechizo. Y también pueden querer incorporar herramientas que ellas «sientan» como su nicho; la bruja de cristal puede tener una plétora de joyas de cristal usadas como talismanes protectores, mientras que la bruja verde puede tener un tarro de cardos y espinas para ello. Las herramientas variarán; la bruja de las sombras puede usar huesos y agua de pantano para hechizos curativos, mientras que la bruja de cabaña puede usar mantas y muñecos. Lo que une a todas estas brujas es que se centran en sus caminos particulares.

Este enfoque en el yo, este honor al yo como guía de sus caminos, lleva a la bruja ecléctica o de nicho a trabajar con las ideas de salud y bienestar general. Entienden que forman parte de la magia tanto como el mundo que les rodea, por lo que cuidan mucho de sí mismos. Es probable que esto se extienda a la familia y a la comunidad, por lo que la bruja ecléctica o de nicho ofrece bienestar y curación a los demás… si les queda energía para compartir. Recuerda que esta magia, así como la magia intermedia en general, consiste en conocerte a ti mismo y tu poder, pero también en saber cuándo necesitas descansar y recargar energías. Debido a su mezcla específica de caminos, la brujería ecléctica y de nicho siempre va a ser única: única en lo que incorpora, en sus hechizos, en sus conexiones espirituales, en su tipo de apoyo comunitario.

Breve historia de la brujería ecléctica y de nicho

Aunque la brujería siempre está evolucionando y cambiando, como ya comentamos en el capítulo 6, el movimiento *New Age* allanó mucho el camino a la brujería ecléctica y de nicho, con su amplio sentido de la espiritualidad en relación con la humanidad y con la idea de que esa espiritualidad, esa interconexión, podría aprovecharse para la transformación, la curación y la consecución de un mayor bienestar. Hoy en día, los practicantes pueden encontrar su camino personal hacia la iluminación incluyendo lo que quieran: la astrología, péndulos, tableros de espíritus, tarot, y demás, para llevar su espiritualidad al siguiente nivel. Esta espiritualidad «a la carta» ha crecido todavía más, quizá, en la era del odio a las etiquetas y la aceptación de la expresión libre de uno mismo por el bien de la felicidad y el bienestar personales. No es de extrañar, por tanto, que muchas personas que buscan expresarse y crecer espiritualmente elijan lo que más les convenga y construyan su propio camino hacia la iluminación y el bienestar.

Itinerario enfocado 11

Bruja de cristales

Los cristales son un elemento habitual en los hechizos y rituales de las brujas de todos los caminos, probablemente porque son muy versátiles. Los cristales proceden de la Tierra y hablan a la bruja verde. Pueden afectar al yo espiritual y vincularnos a seres divinos o a la humanidad en su conjunto, prestándose a la brujería de sombras o psíquica. Las utilizamos para cargar el agua, una práctica habitual para las brujas del agua. Y casi todas las tiendas de ocultismo tienen piedras preciosas de algún tipo, por lo que son fáciles de conseguir.

PRIMEROS PASOS (PRINCIPIANTE)

Las brujas de cristal, naturalmente, van a empezar por desarrollar un arsenal de cristales o piedras para diferentes intenciones, ya que cada piedra tiene sus correspondencias, al igual que las plantas. El reino de las piedras es complejo, pues hay piedras «diferentes» que en realidad comparten los mismos materiales, como el cuarzo. Como ocurre con cualquier interés, la información se va haciendo más compleja cuanto más profundizas. Si no tienes ninguna piedra, el cuarzo transparente es la piedra ideal para cualquier hechizo.

A veces, la bruja no hace más que guardar la piedra de una determinada intención en un altar, en una bolsa o como joya. Otras veces, entierra cristales para enterrar hábitos o los ofrece a los elementos como regalo de agradecimiento por el apoyo en la magia. El uso de las piedras es muy versátil, lo cual puede atraer a brujas principiantes que están probando diferentes aspectos de la brujería.

Podemos mantener siempre una rejilla de cristales en el altar que actúe como un faro de poder y elevación espiritual. De vez en cuando, podemos colocar un objeto (por ejemplo, barajas de tarot o cajas de cerillas) en el centro de la red, en lugar de la piedra de anclaje, para cargarla. A continuación, podemos colocar la piedra de anclaje sobre el objeto que hemos colocado allí para aumentar su poder.

Existen muchos portavelas hechos de diferentes piedras, como amatista, selenita y cuarzo. Podemos utilizarlos con una pequeña vela de té para que las correspondencias cobren vida cuando la encendamos. De este modo, los elementos pueden trabajar juntos. El fuego pone en marcha las intenciones de la piedra y el humo las envía al universo.

Energía de cristal

Los cristales funcionan a través de su energía. Los cristales se consideran fuentes y también conductos, de energía vibratoria, que permiten que nuestra energía o la energía del entorno de la piedra la infunda y se combine con sus correspondencias. Por ejemplo, sostener una piedra puede permitirnos eliminar la negatividad de nosotros mismos infundiendo nuestra energía negativa e n la piedra. O bien, podemos trabajar con este método al revés, por ejemplo, sosteniendo una piedra como una piedra del río Amazonas o cuarzo rosa para infundirnos con la intención de la piedra, como el amor propio, la confianza y la curación. De esta forma, transferimos energías de nosotros a la piedra.

También podemos infundir una piedra con nuestros mensajes a una deidad o a un elemental, como la gratitud, y enterrarla en la tierra, tirarla al agua o colocarla en el espacio sagrado de esa deidad para transferir ese mensaje. También podemos hacer que el entorno de la piedra la infunda. Colocar un cristal en el agua infundirá el agua con el poder de la piedra, pero también infundirá el cristal con el poder del agua. Por eso colocamos las piedras a la luz de la luna para cargarlas o limpiarlas; es esa transferencia e infusión de energía lo que funciona. Muchos incluso utilizan piedras como punta de sus cuchillos mágicos, varitas y demás para transferir mejor esta energía e infundir su magia con las cualidades de la piedra al mismo tiempo.

Hechizo con cristales para dejar ir

Utiliza este hechizo cuando quieras dejar ir pensamientos negativos, rumiaciones que no te aportan nada o ideas que siguen corriendo por la mente sin querer.

Cuándo realizar este hechizo:
Sábado, preferiblemente por la noche cuando la luna está menguante

Ingredientes/herramientas:

- Sal negra
- Una vela de pilar negra
- Alfiler o aguja (opcional)
- Cerillas o un mechero
- Piedras: 1 turmalina negra, 1 cuarzo ahumado, 1 amatista, 1 jaspe de tu elección (hay muchos tipos)
- Bolsa de muselina
- Cuerda o hilo negro

1. Echa un círculo de sal alrededor de la vela de pilar. Si lo deseas, inscribe en la vela con el alfiler un símbolo planetario que corresponda a tus necesidades (*véanse* las páginas 142-145), por ejemplo, el símbolo de Urano (para atravesar transiciones difíciles) o de Plutón (para desterrar o eliminar).
2. Enciende la vela. Coloca la turmalina cerca de la llama. Desea que el humo cubra la piedra. Mientras giras la piedra en el humo, di: «Para eliminar el dolor que viene con el cambio».
3. Repite este proceso con el cuarzo ahumado, pero afirma: «Tomar el dolor con los brazos abiertos, ya que me hizo bien pero su papel ha terminado».
4. De nuevo, repite el proceso con la amatista, pero di: «Para eliminar la tensión de un vacío dejado abierto».
5. Por último, lo mismo con el jaspe, diciendo: «Para llenar el vacío con paz y amor».
6. Coloca las piedras en la bolsa y átala con un cordel negro, asegurándote de anudar la bolsa 3 veces. (Hechizo extra: cose un símbolo de limpieza, como una luna menguante, en la bolsa).
7. A lo largo de la parte sur de tu propiedad, cava un hoyo en el suelo, coloca en él la bolsa y cúbrela con tierra, dando golpecitos con cuidado en el suelo mientras la entierras. Si lo prefieres, utiliza una maceta.

Carga de cristales

Los cristales necesitan ser cargados y limpiados, especialmente cuando se utiliza la misma piedra para diferentes hechizos. No querrás que los residuos de antiguos hechizos impregnen tu nuevo trabajo. Esto requiere tanto limpieza como carga. Queremos eliminar esa energía vieja, pero también cargar la piedra con nueva energía. Por ejemplo, si estamos tratando de alentar la búsqueda de negocios, pero hemos utilizado nuestra piedra de ojo de tigre en un hechizo anterior para la motivación para dejar un trabajo, vamos a querer limpiar esa vieja energía para que la magia no se mezcle. También es posible que queramos cargarla al sol para añadir energía de prosperidad.

El tiempo que se tarda en cargar una piedra depende de cada persona y de para qué quieras utilizarla. Para hechizos de destierro o eliminación, la cargamos durante el período de luna llena menguante. Para hechizos de adición, la cargamos en la luz de luna creciente. Para obtener el poder óptimo para cualquier hechizo, la cargamos a la luz de la luna llena, y para la novedad y el cambio, o el trabajo de magia oscura, la cargamos durante la luna nueva. El sol también puede cargar nuestras piedras para la prosperidad, el crecimiento, el coraje, la motivación y la inspiración.

Hechizo para cargar piedras

Lo ideal es utilizar este hechizo antes de cualquier hechizo en el que quieras utilizar la piedra, ya que las piedras necesitan tiempo para asentarse y cargarse.

Cuándo realizar este hechizo:
Cualquier día, preferiblemente por la mañana

Ingredientes/herramientas:

- Un tarro transparente, con tapa, llena de agua limpia de arroyo, riachuelo o río
- Piedra elegida (dado que no todas las piedras son aptas para el agua, no utilices calcita, hematita, malaquita, pirita, selenita ni turquesa)
- Sal blanca
- Cerillas o un mechero
- Vela de ritual blanca

1. Un sábado, recoge agua suficiente para que la piedra quede sumergida en el mismo tarro que piensas utilizar para este hechizo.
2. Coloca la piedra en el tarro y añade una pizca de sal, girando en sentido deosil (el sentido de las agujas del reloj).
3. Cierra la tapa y agita el tarro unas cuantas veces.
4. Enciende la vela y pasa el humo alrededor del tarro, luego «sella» el tarro con 9 gotas de cera.
5. Coloca el tarro a la luz de la luna o del sol durante el tiempo que prefieras, utilizando como guía la información que acabamos de exponer.

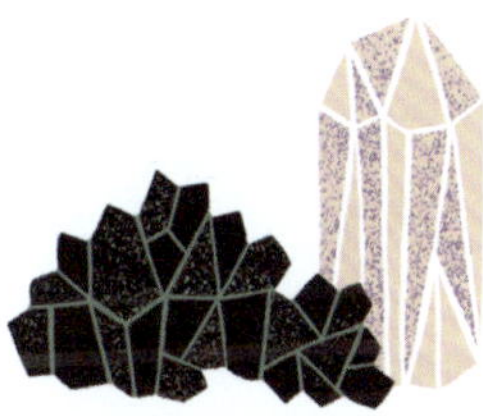

BRUJERÍA DE CRISTAL INTERMEDIA

Las brujas intermedias pueden ir un paso más de simplemente sostener o llevar piedras y pueden preferir trabajar con las energías de múltiples piedras para combinar intenciones o para construir y dirigir el poder. Hay varias maneras de hacerlo, a través de rejillas de cristales y pirámides.

Rejillas de cristal

Las rejillas de cristal ofrecen una forma de canalizar y amplificar la energía, al tiempo que concretan un poco más nuestras intenciones. Se basan en la geometría para aprovechar y trasladar esta energía al éter, así como en la proximidad de las piedras entre sí. Las rejillas de cristal son combinaciones de patrones de formas repetitivas y simétricas, a menudo círculos. Tienen un aspecto diferente dependiendo de sus intenciones. A continuación, se muestra la Flor de la Vida, símbolo geométrico sagrado, y es uno de los patrones de rejillas de cristal más utilizados. Existen muchos tipos diferentes de rejillas de cristal, cada una con características únicas.

Las piedras de la rejilla tienen siempre una estructura. En el centro de la rejilla hay una piedra de anclaje. Más allá hay otras piedras, a menudo colocadas en círculos concéntricos, que añaden o modifican la intención. Cada círculo añade una «capa» de intención y el resultado es un objetivo específico para el hechizo, que se extiende desde la piedra central. Todas las piedras se colocan equidistantes entre sí para formar un círculo completo. Puedes utilizar la correspondencia de colores o de piedras para lograr estas «capas», o ambas. Las rejillas de cristal pueden colocarse en cualquier sitio, pero lo más probable es que se coloquen en un altar o un espacio designado durante al menos un ciclo de luna llena.

Patrón de cristales de Flor de la Vida

Las piedras y sus correspondencias

PIEDRA	PROPIEDADES
Aguamarina, cuarzo claro, fluorita	Limpieza
Aventurina, calcita, jaspe	Curación y conexión a tierra
Amazonita, ámbar, cuarzo rosa	Amor
Amatista, hematita, turmalina	Eliminación de la negatividad
Ágata, selenita, turquesa	Paz
Citrino, jade, pirita	Prosperidad
Lapislázuli, obsidiana, ojo de tigre	Protección
Conchas de abulón, esmeralda, sodalita	Habilidades psíquicas
Celestita, piedra luna, sodalita	Intensificación espiritual
Cornalina, granate, ónix	Fuerza y fortaleza mental
Labradorita, malaquita, obsidiana	Transformación

Hechizo con rejilla de cristal para sanar

Podemos utilizar rejillas de cristal para ayudar a nuestra curación. Dado que la curación es un concepto poliédrico, el trabajo de hechizos curativos tiene matices. Las rejillas de cristal proporcionan la capacidad de jerarquizar diferentes aspectos de la curación necesarios para el bienestar general, como el amor propio, la paciencia y la calma. Este hechizo utiliza una piedra de poder, piedras de amor, piedras de fuerza y piedras de paz para fomentar esas intenciones.

Cuándo realizar este hechizo:
Domingo, a las 13:00 o las 20:00

Ingredientes/herramientas:

- Rejilla de cristal de tu elección
- Cerillas o un mechero
- Manojos de hierbas limpiadoras, como menta o tomillo
- 1 piedra de cuarzo grande
- 6 piedras de cuarzo rosa
- 6 piedras de cornalina
- 6 piedras de selenita (opcional)

1. Coloca una rejilla de cristal en tu altar u otro espacio espiritual.
2. Enciende tu manojo de hierbas limpiadoras para purificar el espacio.
3. Coloca tu piedra de cuarzo grande en el centro de la rejilla como anclaje.
4. Coloca cada piedra de cuarzo rosa alrededor del anclaje, formando un círculo.
5. Coloca las piedras de cornalina alrededor de las piedras de cuarzo rosa, en la circunferencia terciaria más externa de la cuadrícula, formando un círculo.
6. Coloca las piedras de selenita (si las usas) entre las piedras de cornalina. Puedes dejar reposar la rejilla hasta que el hechizo se manifieste, dentro de un ciclo de luna llena, o cuando quieras hacer otro hechizo, o cuando tu intuición te diga que ha llegado el momento de quitar la rejilla.

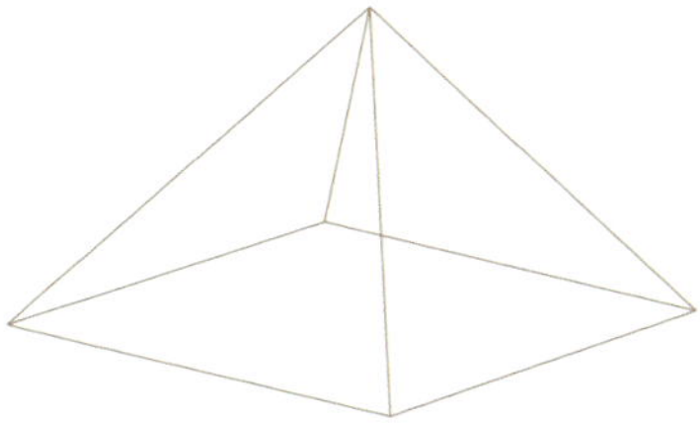

Pirámide de brujas

Utilizar la pirámide de brujas

Una pirámide de brujas es una pirámide hecha de varillas de metal como la de arriba o también puede ser totalmente cerrada. Puedes colocar piedras u otros objetos, dentro de la pirámide o en cada esquina (tanto dentro como fuera de la pirámide) para centralizar las energías de esos objetos y que fluyan hacia arriba y hacia fuera. Esto también ayuda a construir el poder dentro de la pirámide y, al igual que con un círculo, la bruja puede hacer sus hechizos dentro de los bordes de esa pirámide para alcanzar el poder y la protección óptima. Las pirámides de brujas suelen estar hechas de metal y ese metal tiene una correspondencia: el hierro es protector, mientras que el cobre es curativo; el oro posee una cualidad sagrada que se corresponde con la conexión espiritual y la divinidad.

Hechizo de la pirámide de brujas para aumentar el poder

Utiliza este hechizo cuando quieras cargar un objeto con los poderes de las piedras o cuando quieras acumular poder para un hechizo.

Cuándo realizar este hechizo:
Domingo o lunes de luna llena

Ingredientes/herramientas:

- Piedras de tu elección (dependiendo del tipo de poder que quieras construir)
- Pirámide de brujas, de hierro u oro
- Cerillas o un mechero
- Manojo de limpieza de tomillo o menta secos
- Agua de luna llena
- Artículo para cargar, como un libro, una joya o una vela

1. Coloca las piedras dentro de la pirámide de forma que se toquen.
2. Enciende el manojo y muévelo por el perímetro de la pirámide a lo largo de la parte inferior. Luego, en cada esquina, mueve el manojo desde la esquina hasta el vértice de la pirámide. Ahora has limpiado la pirámide y potenciado el espacio.
3. Repite el mismo el movimiento pero ahora con el agua de luna. Moja un dedo en el agua de luna y recorre con él el perímetro de la pirámide. Luego toca cada esquina, subiendo poco a poco hasta el vértice.
4. Coge ambas manos y colócalas a lo largo de los lados izquierdo y derecho de la pirámide y luego muévelas hacia arriba para mover la potencia.
5. Ahora, puedes sostener un objeto, como una joya o un Libro de las Sombras, encima de la pirámide para absorber el poder; puedes sostener una imagen del yo allí; o también puedes cargar velas sosteniéndolas en el vértice. Incluso podrías realizar un hechizo utilizando el espacio sagrado de las cuatro esquinas de la base de la pirámide. Tú decides. El prisma de poder se construye en este espacio y sobre él.

Itinerario enfocado 12

Bruja del bienestar

Se podría argumentar que toda brujería está destinada a lograr algún tipo de bienestar, ya sea espiritual, físico o emocional. Pero la bruja del bienestar pone su bienestar en el centro de su práctica. Esto significa que la curación, la confianza, el amor propio y la comodidad son su interés particular. La bruja del bienestar también puede incorporar otros tipos de brujería a su práctica. Como hemos aprendido en nuestro viaje a través de este libro, la belleza de la brujería y sus diferentes caminos es que se conectan y chocan entre sí. La bruja del bienestar probablemente incursione en la brujería de la cocina cuando trabaja con tés reconfortantes para traer descanso y relajación, o puede incorporar tónicos reconstituyentes en esos tés o colocarlos debajo de la lengua para un apoyo herbal adicional. La bruja del bienestar puede incorporar el yoga o la meditación a su práctica para aumentar su bienestar espiritual o enseñarlo para proporcionar bienestar a los demás. Quizá le parezca que la poesía puede guiar gran parte de su trabajo de hechizos o que otras expresiones del yo impregnan su método principal. La bruja del bienestar puede pintar o hacer cerámica, bailar danzas interpretativas o componer música para expresar sus emociones y manifestar sus intenciones. Al fin y al cabo, el movimiento consciente del pincel sobre el lienzo genera tanto poder como la inscripción de símbolos en cera o el trenzado de tejidos.

Las velas grises representan la sombra, pero también la verdadera naturaleza de cualquier ser. El bien y el mal, la oscuridad y la luz. Ambos aspectos se unen para hacer de nosotros lo que somos. Las velas grises encarnan esa idea y dan vida a ambas partes. Si no tienes velas grises, las blancas y negras sirven, así como cualquier color curativo o estabilizador, como el marrón, el verde oscuro y la lavanda. Puedes quemar la vela antes de cualquier meditación para encontrarte con el yo, para simbolizar la iluminación del camino hacia la sombra.

Los sigilos de protección o curativos pueden ser personales y se hacen combinando las letras de palabras curativas (o tu nombre) en un símbolo. Sigue tu intuición para crearlos. Inscríbelos como símbolos en tu vela.

Una mezcla de pétalos secos de caléndula y tomillo ofrece sueños proféticos y reparadores y ayuda a desarrollar las capacidades psíquicas. Haz con ellos una mezcla de aceite de unción con aceite portador de onagra y aplícala a una vela.

La luna representa el subconsciente y es la entidad o cuerpo celeste que invocamos para los trabajos relacionados con las emociones, los sueños, la intuición y las sombras ocultas que nos influyen. La luna puede representar a la o las diosas o entidades a las que queremos invocar, como la doncella, la madre o la anciana, por su sabiduría espiritual y su apoyo en nuestros viajes en la sombra. Para crear agua de luna, recoge agua de manantial (o nieve limpia) durante la luna creciente para aprovechar los elementos de la doncella (valentía, coraje, vitalidad). Recoge agua durante la luna llena para obtener el poder óptimo y conectar con la diosa en su estado maternal: reconfortante, todopoderosa, en control, fuerte, guía. Recoge agua durante la luna menguante para aprovechar las cualidades de la anciana: sabiduría, guía, consuelo y fuerza tranquila. Aplica esta agua en las sienes, el tercer ojo y la base del cuello (por delante y por detrás) antes de cualquier meditación.

Para la bruja del bienestar, el yo es también un altar, un espacio sagrado que honra al yo espiritual y alberga la magia. Es útil llevar amuletos con animales o piedras cuya intención principal sea la fuerza y el coraje. Osos, búfalos, ciervos o alces, gallos, lobos y chochines son animales ideales para este fin. Para la curación y la transformación, elige serpientes. También puedes elegir animales más dóciles, como la liebre, el ratón o la golondrina, que tienen un carácter astuto e inteligente, aunque sean diminutos. Estos seres espirituales representan la curación, la astucia, la suavidad y la capacidad de sobrevivir a la adversidad.

PRIMEROS PASOS: CURACIÓN Y EMPODERAMIENTO (PRINCIPIANTE)

La bruja del bienestar puede quizá elegir este camino debido a una necesidad de curación, ya sea emocional, espiritual o física. Así que empecemos por ahí. «Sanación» es un término muy amplio, pero podemos considerarlo como el ser conscientes de lo que uno necesita y dar importancia a esas necesidades cada día. Esto incluye a menudo comprobar en uno mismo en distintos momentos del día si se están satisfaciendo las necesidades propias; sentarse con uno mismo cuando surgen las emociones para regularlas a través del diálogo interno (o externo); poner límites al trabajo y a los demás para asegurarse de que obtenemos lo que necesitamos, como el descanso. La lista es interminable y no es «mágica». Son cosas cotidianas que podemos hacer para favorecer nuestro bienestar general.

Lo que las hace mágicas, entonces, es incorporar lo que hemos aprendido en este libro para identificar correspondencias mágicas, hablar con los elementos, conversar con los espíritus y con nuestra intuición, reconocer las sombras y nuestro lugar entre el cosmos y cuidar de nuestros espacios sagrados para un bienestar óptimo. Aunque no es necesario que incorpores todas estas ideas, puede que te sientas inclinado a incorporar algunas de ellas.

Intenciones de curación

La curación es una intención en sí misma, pero cuando hablamos de realizar «magia curativa», podemos referirnos a una gran variedad de cosas: dolencias físicas o trastornos emocionales. Incluso dentro de ese contexto, hay matices. ¿Intentas curar ansiedades profundas? ¿Problemas de autoestima? ¿El hablarte negativamente a tí mismo? ¿Depresión por una ruptura? ¿Problemas familiares? ¿Traumas del pasado? Hay muchas facetas de la curación y cada una merece un enfoque. Los siguientes son algunos hechizos para apoyar algunas intenciones específicas, pero cuando pases a elaborar los tuyos propios, desglosa qué es lo que entiendes por «curación».

Té reconfortante para la sanación

El lugar perfecto para empezar con la magia curativa son los tés reconfortantes. Ya sea por el calor del líquido o por la combinación de hierbas con intención curativa, los tés siempre ofrecen algo de consuelo en los momentos difíciles.

Cuándo realizar este hechizo:

Cualquier día, a cualquier hora

Ingredientes/herramientas:

- Un tarro de vidrio de 475 ml
- 3 cucharadas (6 g) de té de Ceilán suelto
- 1 cucharada de semillas de cilantro enteras
- 1 cucharadita de anís
- 2 hojas de romero fresco
- ½ cucharadita de cilantro molido
- 2 tazas (475 ml) de agua caliente
- Edulcorante de tu elección (opcional)

1. En el tarro de vidrio, mezcla el té, las semillas de cilantro, el anís, el romero, el cilantro y el agua caliente. Deja reposar durante 5 minutos. Añade edulcorante al gusto (si lo prefieres).
2. Mientras remueves el té en sentido contrario a las agujas del reloj, respira en la taza y funde tu aliento con el vapor del té. Éstos chocan al elevarse en el aire, conectándote con las propiedades curativas y protectoras del té. Susurra: «El alivio empieza cuando callo la lengua. Asimilo la curación, suelto lo hecho».

Hechizo de resiliencia para dificultades

Realiza este hechizo cuando necesites superar una adversidad o enfrentarte a obstáculos, internos o externos, a los que no necesariamente quieras enfrentarte.

Cuándo realizar este hechizo:
Jueves o domingo, a mediodía, cuando la luna está creciente

Ingredientes/herramientas:
- Sal blanca o arena
- Plato de barro
- Una vela dorada de pilar
- Hojas de té secas de tu elección y borraja*
- Aceite esencial de pino, o un aceite esencial de una de las hierbas de la «claridad»: menta, ajedrea de verano, hoja o cáscara de limón, o lavanda (*véase* la página 64)
- Aceite portador de tu elección (*véase* la página 64)
- Cerillas o un mechero
- Piedra de obsidiana
- Bolsita de muselina o cuero

1. Coloca la sal en el plato de barro y mete la vela en la sal, asegurándote de que esté estable.
2. Espolvorea algunas de las hojas de té y borraja en el plato, trabajando en sentido deosil (el sentido de las agujas del reloj).
3. Unta la vela con la mezcla de aceite y enciéndela.
4. Sujeta la obsidiana con la mano dominante. Cierra los ojos y concéntrate en la respiración. Imagina espinas de seto emergiendo de tu piel, lentamente, pero con determinación.

En algunas partes de la piel crecen espesas zarzas y setos de piernas largas, o arbustos con flores de tu elección. Imagina hermosos trozos de corteza protegiendo la piel, flotando sobre los brazos y las piernas de forma protectora. Al inhalar, absorbe el calor y el aire seco del sol; al exhalar, imagínate expulsando el obstáculo al aire y observa cómo flota hacia el sol.

***Nota de seguridad:** *las hojas de borraja pueden ser ligeramente tóxicas para las personas y los animales domésticos.*

Afirma:

«Como hijo de Dédalo, me aventuro cerca, pero las alas proyectan escudos y agujas.
Como el padre de Ícaro, vigilo y espero; el sol, hijo mío, va más alto.
Atrapa los rayos y en su interior permanece arrodillado un humilde guerrero.
Conjuro la fuerza para afrontar el día, y desafío los males que siento.
Tiro del dolor; encuentro habilidad en la tensión.
Conquisto las sombras de la curación.
Reescribo el destino de mi hijo, conjuro los rayos del sol,
pero me inclino ante los rayos que protejo».

5. Cuando estés listo, introduce el resto de las hojas de té y la borraja en la bolsita, junto con la piedra y llévala contigo.

Magia del yo

La bruja del bienestar se centra en uno mismo para llenar la copa interior de felicidad y salud. Puede sonar cursi, pero este enfoque en uno mismo garantiza que estemos lo suficientemente bien como para cuidar de otros que nos necesitan. Pero, ante todo, esta magia del yo se asegura de que cualquier sombra interior o duda sobre uno mismo, se aborde con amabilidad y compasión para que el yo, como un todo, se sienta en paz. La magia del yo tiene variaciones. Puede incluir la magia curativa de la que acabamos de hablar o el bienestar externo de la construcción de la comunidad o las conexiones espirituales de las que hablaremos a continuación. Puede también incluir un poco de protección para el yo, de modo que cualquier problema externo no afecte a nuestro sentido del yo. Pero, a veces, las partes más sencillas de la magia del yo simplemente ayudan al yo a «ser». A descansar. A calmarse. A ser pasivo. Hay magia en todas las acciones que incluimos en el trabajo con hechizos, pero también hay magia en permitirnos simplemente observar el mundo. Es un tipo diferente de magia, una que prueba tu atención interna.

Magia con cuerda para eliminar la negatividad

Utiliza este hechizo para liberarte de energías internas, ya sean de una persona, una situación o un espíritu. Trabajar con cuerdas nos permite infundir nuestras energías negativas en la cuerda y sacarlas así de uno mismo.

Cuándo realizar este hechizo:
Sábado o jueves, a las 23:00

Ingredientes/herramientas:

- Tijeras
- Trozos de tela que conecten con tu lado alegre y ligero (colores favoritos)
- Trozos de tela más oscuros y terrosos
- Cuerda blanca
- Cuerda negra
- Cinta gris (o un tejido más suave que la cuerda)
- Sal (de cualquier tipo)
- 8 campanas, idealmente de cobre, con lazos en la parte superior para colgarlas

1. Corta los trozos de tela en tiras de la longitud que quieras que tenga la cuerda resultante. Una buena medida son unos 30 cm.
2. Corta las cuerdas blanca y negra de la misma longitud que las tiras de tela.
3. Corta la cinta gris a 24 cm.
4. Junta las tiras y haz un nudo en la parte superior, de modo que los trozos de tela, las cuerdas y la cinta queden sueltos.
5. Espolvorea sal alrededor de tu zona de trabajo.
6. Empieza a trenzar la cuerda. Coloca la cuerda blanca y los trozos de tela «positivos» en el lado izquierdo. Coloca la cinta gris en el centro. Coloca la cuerda negra y los trozos de tela más oscuros en el lado derecho. Trenza hacia abajo unos 2,5 cm. Una vez allí, ata una campana con la tela gris. Di: «Campana de uno: tejo la cuerda y comienzo el hechizo».
7. Repite este patrón 7 veces más (8 veces en total), pronunciando la frase correspondiente del hechizo siguiente al atar cada campana:

   «Campana de dos: la oscuridad se hincha para subir al pozo»
   «Campana de tres: se desliza sobre los adoquines y se encuentra con la tierra»
   «Campana de cuatro: bebe el elixir con humilde alegría»
   «Campana de cinco: ella absorbe la oscuridad que oscurece el camino»
   «Campana de seis: y alivia los dolores que duran»
   «Campana de siete: una brisa veloz y suave que se apacigua en su interior»
   «Campana de ocho: reconoce qué gran bendición ha sido mi oscuridad»

8. Haz un nudo final y declara:

   «Una luna necesita luz y oscuridad para evolucionar.
   La tierra sabe que en equilibrio es donde se disuelven las dificultades.
   Entrelazo estos rasgos y, en mis huesos, danzan en sincronía.
   Dejo que la oscuridad fluya con la luz, con la gracia y el amor que el gris les da».

9. Cuelga esta cuerda en el exterior de tu casa o en un espacio personal donde experimentes negatividad.

Magia del descanso

La magia del descanso llama a la mente a tranquilizarse y volverse un poco pasiva, en lugar de sentir que siempre tiene que tomar parte y tomar decisiones. No se trata tanto de un descanso para «dormir» como del tipo de descanso que necesitamos para recargar energías y restablecernos.

Meditación para la curación y el descanso

Las meditaciones son estupendas para la curación porque te piden que mires en tu interior y estés contigo mismo. Te piden que utilices tus habilidades para calmarte y reconfortarte, y aunque no seas un experto en eso, lo estás intentando. Una buena meditación para la curación empieza por identificar una energía curativa y revestirte de ella. Nos extenderemos más sobre esto cuando tratemos la idea de nuestro yo interior y más joven (*véase* la página 198). Realiza esta meditación cuando la mente necesite un poco de descanso y el corazón un poco de tranquilidad.

Cuándo realizar este hechizo:

Domingo, a cualquier hora (lo ideal son las 20:00 o las 23:00)

Ingredientes/herramientas:

Ninguno

1. Tranquiliza tu mente con una buena respiración 4-4-4: Inhala 4 segundos, aguanta 4 segundos y exhala 4 segundos.
2. A continuación, tararea para ti mismo, cualquier nota que te guste, pero utiliza un tarareo suave y reconfortante.
3. Imagínate rodeado de nieve y sentado en ella, pero protegido de su frío. A tu alrededor cae nieve, pero está congelada. Nada se mueve. Siéntete a gusto en este tiempo congelado; lo has reservado para ti como tiempo de curación. Asimila lo que has imaginado que es tu entorno, con el suave zumbido de fondo. A medida que continúas, deja que el tiempo se acelere un poco, mientras la nieve empieza a caer ligeramente. Los árboles se mueven suavemente con el viento. Es tu energía quien hace todo esto.
4. Esta suave brisa agita la nevada y la nieve se acumula hasta crear un grueso edredón de algodón. Este edredón cae sobre tus hombros desde arriba. Te envuelve el cuerpo mientras

tarareas sentado. Un animal se agita en la arboleda y lo ves. ¿Qué animal es? Reflexiona sobre su simbolismo más tarde.

5. Siente cómo el calor de esta manta cubre tu piel. Tu zumbido hechiza la nieve y comienza a caer a velocidad normal. Los árboles también se mueven con naturalidad. Todo es suave, silencioso. Hay una hoguera a lo lejos y su humo ondea hacia arriba. Hueles el humo ancestral y sientes el calor de la llama. Ese humo te envuelve y cae hacia abajo. Deja que también te reconforte. Es la presencia de tu linaje espiritual. Este humo baila y se mueve como lo harían nuestros antepasados si aún estuvieran entre nosotros: vivos, cálidos, humanos. Pero están vivos y libres en el otro mundo y han venido a mimarte.
6. Encuentra la paz aquí con ellos. Encuentra el calor y el consuelo de los olores y el peso espiritual de la manta. Habla con los ancestros, si sientes que te llaman. Si has dejado de tararear, vuelve a hacerlo.
7. Una vez que sientas una sensación de calma interior, es hora de volver al presente. Concéntrate en el zumbido y en las vibraciones de la garganta. Haz tu zumbido más fuerte para despertar el cuerpo físico. Si te aventuraste mentalmente en este espacio cargado de nieve de una determinada manera, por un sendero o siguiendo a un animal, sigue el sendero o el animal para salir exactamente por donde entraste. Si no lo hiciste, empieza a mover los dedos de los pies y de las manos.
8. Por último, abre los ojos y observa lo que te rodea.
9. Fíjate en lo siguiente. Todos éstos son símbolos que puedes interpretar.

- ¿Qué tipos de árboles había a tu alrededor?
- ¿Qué hora era?
- ¿Estabas en algún lugar que reconocieras, como el patio de un abuelo?
- ¿Cuál era el animal que viste en la línea de árboles?
- ¿Había pájaros u otros animales?
- ¿Qué color de ropa llevabas?
- ¿Tu manta se manifestó en un color distinto al blanco?

BRUJERÍA DE BIENESTAR INTERMEDIA

La bruja del bienestar de nivel intermedio va a ir un poco más allá de la comodidad del yo consciente y es probable que se aventure a preguntarse: «¿Qué hay después? ¿Qué hay más allá de esto?». Esta pregunta puede tomar dos caminos. Uno lleva a profundizar aún más en el interior para lograr una sanación profunda y un bienestar completo, no sólo a nivel consciente. El otro camino mira hacia afuera, más allá del yo, para explorar cómo éste se conecta y se relaciona con algo más grande que sí mismo. Para esta magia se requiere experiencia.

Bienestar interno

Como cualquier camino ecléctico, una multitud de prácticas pueblan cada senda y la bruja del bienestar entiende que el bienestar interno va más allá de las emociones en el presente. Debido a esa comprensión, es probable que esta brujería incluya un trabajo de sombras intermedio, como centrarse en las diferentes partes del yo, haciendo un esfuerzo consciente por integrar esos yoes en un único ser feliz. El trabajo en la sombra se convierte en un imperativo, una necesidad, porque nos sentimos fragmentados; tenemos diferentes partes de nosotros mismos que sentimos separadas entre sí, ya sea en personalidad o en deseos y necesidades. ¿Cómo podemos sentirnos completos y no simplemente la suma de nuestros recuerdos?

Hechizo de trabajo de sombras para unir el yo

Combinar las partes fragmentadas de uno mismo suele ser un trabajo que se deja a los profesionales… y con razón. Es un trabajo peligroso, ya que requiere trabajar con identidades internas que se sienten desconectadas unas de otras. O puede que simplemente queramos sanar el niño o el adolescente angustiado que llevamos dentro. Sea cual sea nuestro objetivo, podemos apoyar la interconexión con un poco de magia. Recuerda que el trabajo de sombras (*véanse* las páginas 156-169) es peligroso, ya que nos pide que estemos en el estado mental adecuado para que no pensemos que somos personas distintas en un solo cuerpo. Es imprescindible contar con apoyo profesional.

Cuándo realizar este hechizo:

Cualquier día, preferiblemente a la hora de cenar

Ingredientes/herramientas:

Cuenco con sal

Plato o plato llano

Hierbas variadas (*véanse* las descripciones en el paso 2)

Diversos artículos biodegradables, como hilos o cuadros, que representan partes del yo (*véanse* las descripciones en el paso 2)

Agua (el agua agitada es ideal)

1. Separa la sal en montones individuales en un plato o fuente. El número de montones debe representar los fragmentos de uno mismo.
2. Añade algunas hierbas a cada montón. Las que elijas pueden corresponder a la personalidad, los intereses o la edad de ese fragmento del yo. Elige tomillo, menta o lavanda para un niño; flor de saúco para la vejez; sauce, pensamiento o salicaria para el yo que está de luto; amentos de sauce para nuestra época de madre. También puedes añadir al montón hilos con significado cromático: el rojo o el naranja para la persona de negocios en nuestro interior; el morado y el azul para representar nuestro yo espiritual o yo superior. Todo debe ser biodegradable.
3. Cuando elabores cada montón de sal, imagínate a ti mismo como ese fragmento: un niño perdido, solo, en la habitación, por ejemplo, o una madre agotada y estresada. Sean cuales sean esas identidades, imagínatelas y dedícales el tiempo, el respeto y el honor que se merecen. Eran tú cuando lo hacías lo mejor que podías. Después de imaginar a esa persona, toca la pila correspondiente y di: «Te veo».
4. Cuando todos los montones hayan sido honrados, vuelve a dar la vuelta al círculo, transfiriendo cada montón al cuenco principal de sal. Mientras haces esto con cada montón, di: «Te conozco».
5. Una vez transferidos todos los montones, añade al bol agua suficiente para cubrir la sal y remueva en sentido deosil (el sentido de las agujas del reloj) con el dedo (utiliza un guantesi es necesario). Deja que la sal se mezcle y se disuelva. Lo mejor es que el agua sea agua de arroyo o riachuelo, pero sirve cualquier agua. Una vez que la sal y el agua empiecen a combinarse, di: «Te siento dentro de la totalidad de mí mismo». Imagina las partes uniéndose y los colores combinándose para crear nuevos y hermosos colores. Las sales se funden entre sí. Y a medida que se agitan en el ojo de la mente, van tomando forma, creándote lentamente tal y como eres. Mírate una vez creado. Afirma: «Como es arriba, es abajo. Como la que conozco».
6. Imagínate a ti mismo encapsulado en un aura blanca. El ser se arremolina y se mueve con colores y texturas y trozos de memoria. Asiente a esta persona y abre los ojos. Vierte esta agua a lo largo del lado norte de la casa, enraizándola en los cimientos donde debe crecer.

Bienestar exterior

El bienestar externo puede llegar de diversas maneras. Como pasa con la mayoría prácticas, las cosas se vuelven un poco más abstractas y ambiguas cuanto más profundizamos en ellas. ¿Qué significa «bienestar externo»? Podría referirse al bienestar externo como el bienestar del yo físico, y esto puede incluir la práctica de ejercicios o movimientos físicos que tienen un trasfondo espiritual, como el yoga o el taichí. Estos ejercicios nos ayudan a conectar la mente, el cuerpo y el espíritu, ofreciendo una alineación que puede favorecer el bienestar espiritual general.

El bienestar externo también puede referirse a un sentimiento de deber para con la comunidad. Una bruja del bienestar intermedio puede sentirse inclinado a apoyar el bienestar de los demás del mismo modo que apoya el suyo. Entienden que su conocimiento puede ser utilizado para ayudar a otros en sus viajes, por lo que pueden ofrecer a la comunidad artículos de bienestar como bálsamos curativos o amuletos para la fuerza y la esperanza. Lo importante no es el tipo de ofrendas que ofrezcas, sino el hecho de pasar de trabajar en uno mismo a extender esos pensamientos a los demás.

El bienestar externo también puede interpretarse como vernos a nosotros mismos como parte de un todo externo. Podría estar hablando de los lazos a una comunidad mayor o de nuestro lugar como seres espirituales en medio de todo el cosmos. Para ello hay hechizos que fortalecen esas conexiones y las honran, nos ayudan a vernos como parte de algo más grande, como parte integral del universo.

Hechizo de plenitud

A veces, para sentirnos mejor, simplemente necesitamos que nos recuerden que formamos parte de una conciencia colectiva, algo más grande que nosotros mismos a lo que contribuimos de forma significativa. En esta interconexión, vemos un propósito adicional para nosotros mismos y encontramos la paz sabiendo que otros llevan las mismas sombras personales; sólo que parecen, suenan y se sienten diferentes.

Cuándo realizar este hechizo:

Viernes, cuando la luna está llena o casi llena

Ingredientes/herramientas:

Herramienta de inscripción

Vela blanca grande

Aceite portador de semillas de uva mezclado con un aceite esencial de una de las hierbas de la «claridad»: menta, ajedrea de verano, hoja o cáscara de limón o lavanda (y hierba dulce, opcional); *véase* la página 64.

Cerillas o un mechero

Piedra pulida de la Cuna de la Humanidad (opcional)

1. Inscribe un círculo profundo en la vela y, a continuación, unta ese círculo con la mezcla de aceite. Frota la mezcla de aceite en sentido deosil (el sentido de las agujas del reloj), alrededor del perímetro del círculo y, a continuación, enciende la vela. Pon un chorrito del aceite en el charco de cera de la llama de la vela. Mientras lo haces, di:

 «Como es arriba, es abajo.
 La plenitud busca beberse el infortunio.
 Tomo las manos de la fuerza pagana,
 encuentro las palabras para conjurar la fe,
 hablo con los que han soportado lo mismo,
 conecto con los huesos del nombre de Madre.
 Pero las madres no pueden soportar el dolor implacable,
 así que la totalidad empapa lo que la madre no puede.
 Conecto con el éter, el antepasado, la madre,
 todo el espíritu de otros mundos de arriba y de abajo.
 Me guían y me encuentran, las sombras en el sol.
 Y al conectar con cada una, somos una».

2. Deja que la vela arda e imagina que de tu cuerpo salen raíces en todas direcciones, que se enganchan al mundo que te rodea, ya sean los árboles de fuera o la alfombra de dentro.
3. Si lo deseas, para obtener un apoyo adicional, sumerge una piedra pulida de la Cuna de la Humanidad en agua tamizada y déjala en el ciclo de luna llena. Cuela o saca la piedra del agua. El agua puede echarse en una maceta o jardín. Apaga la vela. Después, lleva la piedra contigo para sentirte conectado con el colectivo siempre que empieces a sentirte aislado.

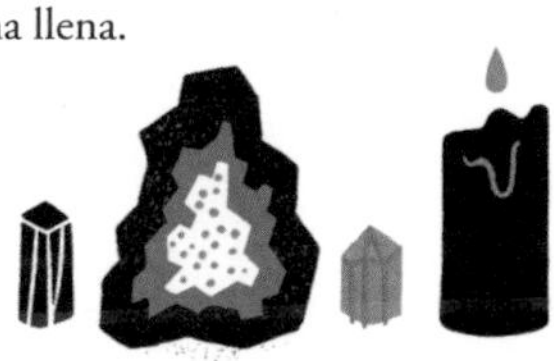

CONCLUSIÓN

En este libro, cada capítulo trata de un tipo distinto de brujería y cada uno de ellos ha sido largamente explorado por estudiosos y profesionales. La información no escasea. Lo que esperamos que quede claro aquí es que el concepto de identidad y de quiénes somos como personas y no sólo como brujas, tiene siempre matices y solapamientos entre distintos tipos. Puede que busquemos etiquetas y categorías para encontrarnos a nosotros mismos, pero cuando profundizamos, aprendemos que esas etiquetas y categorías no significan nada; se solapan y bailan juntas. Chocan y piden atención. Algunas se escabullen silenciosamente, mientras que otras se afianzan en nuestra práctica. Y, a medida que envejecemos, todo esto cambia en función de nuestros intereses, nuestro entorno y quiénes somos como personas.

Al igual que con nuestra identidad personal, siempre estamos cambiando nuestra identidad brujil y, por eso, una pregunta queda después de todo: ¿acaso importa cómo te llames? ¿Cambia cualquier término que elijas la definición de quién eres sólo por haber redactado tu título de una determinada manera? La bruja principiante puede sentirse cómoda encontrándose a sí misma entre las categorías, pero las brujas intermedias saben que esas categorías, en última instancia, no importan, porque su existencia como brujas no necesita definiciones o títulos para ser. Llámate como quieras, ¡sé tan complejo como quieras! El título de «bruja» es más que suficiente. De todos modos, formas parte de la comunidad, y aquí estás a salvo y eres bienvenido sea cual sea tu camino.

AGRADECIMIENTOS

Son muchas las personas que han intervenido directa o indirectamente en la producción de este libro y su apoyo para hacerlo realidad no tiene precio. En primer lugar, me gustaría dar las gracias a John Foster, cuya orientación y trabajo editorial me proporcionaron valiosos comentarios y perfeccionaron mis habilidades como escritora. Ese agradecimiento se extiende a Weldon Owen por la oportunidad de elaborar este libro.

También me gustaría dar las gracias a mis colegas de *Witchology Magazine*, que me brindaron apoyo mientras escribía este libro, por no mencionar la oportunidad de ser acogida en el mundo de la edición y la brujería y realizar un trabajo que me encanta. Su continua orientación ha sido una fuente constante de confianza y mi puesto me ha brindado muchas oportunidades increíbles. Simplemente gracias.

No tengo palabras suficientes de agradecimiento para Ambrosia Hawthorn, por pedirme hace años que editara la revista *Witchology Magazine*, por pedirme que escribiera este libro junto a ella y por cada una de las increíbles ideas que hemos desarrollado juntas. Todo esto ha cambiado mi vida y me ha permitido crecer y explorar más las comunidades de brujas y editoriales. Estaré siempre en deuda. No podría haber pedido una colega más amable y atenta.

Muchas gracias a Steve, cuya presencia y apoyo me ayudaron a validar mis pensamientos y a ver lo positivo en el trabajo y en la vida cuando era difícil. Su apoyo emocional me sacó de muchos bloqueos y me devolvió a estas páginas.

Me gustaría dar las gracias a mi padre, cuyo amor por la escritura y la creatividad es un reflejo del mío. Por cada pieza mía de poesía adolescente que aún encuentra en viejos cajones de la cómoda, existe una página, perdida hace mucho tiempo, con letras de canciones garabateadas por un joven hombre que también encontraba consuelo en las palabras. Cada artículo periodístico, cada columna, cada conferencia –y ahora cada hechizo y cada página de libro– no podrían haberse escrito sin el inestimable apoyo y el amor verdaderamente incondicional del mejor Poose. Es un honor para mí recibir tanto amor.

Por último, a mi hija Winnie, que llena mi vida de esperanza. Tú eres verdaderamente el brillo del sol manifestado; tu amor y bondad siempre me inspiran en todo lo que hago. Este libro no podría haberse escrito sin tu carita alentadora y tus brillantes cabellos bailando al ritmo del viento.

ACERCA DE LAS AUTORAS

Ambrosia Hawthorn es tarotista, astróloga y bruja ecléctica viajera profundamente inspirada en el chamanismo Yup'ik y la magia popular puertorriqueña.
Es la propietaria del blog de brujería Wild Goddess Magick y directora editorial de *Witchology Magazine*. El objetivo de Ambrosia es crear y compartir nuevos contenidos sobre todo tipo de magia con todas las brujas.

Sarah Justice es la redactora jefa de *Witchology Magazine* y colaboradora de *Lisa Chamberlain's Witches' Planners* para 2021 y 2022. También es propietaria de The Tiny Cauldron (tinycauldron.com), una cabaña de brujería en línea llena de artículos rituales encantados y kits para ayudar a las brujas a fomentar su magia. La experiencia artesanal de Sarah se centra en la magia popular de los apalaches, la brujería de cabaña y las prácticas populares de la América colonial.

ÍNDICE ONOMÁSTICO

Si este libro le ha interesado y desea que le mantengamos informado de nuestras publicaciones, escríbanos indicándonos qué temas son de su interés (Astrología, Autoayuda, Psicología, Judaísmo, Medicinas alternativas, Espiritualidad, Tradición...) y gustosamente le complaceremos.

Puede consultar nuestro catálogo en www.edicionesobelisco.com

Colección Cartomancia y Tarot
La Bruja contemporánea
Texto: *Ambrosia Hawthorn / Sarah Justice*
Ilustraciones: *Travis Stewart*

1.ª edición: enero de 2026

Título original: *The Contemporary Witch*

Traducción: *Juli Peradejordi*
Maquetación: *Isabel Also*

Edita: Ediciones Obelisco, S. L.
Collita, 23-25. Pol. Ind. Molí de la Bastida
08191 Rubí - Barcelona - España
Tel. 93 309 85 25
E-mail: info@edicionesobelisco.com

ISBN: 978-84-1172-342-8
DL B 13496-2025

Printed in China